僕が見たかった青空

~23人の青空たち~

伴 杏華

太陽出版

プロローグ

2023年8月30日、乃木坂46公式ライバル『僕が見たかった青空』（以下、僕青）の23名が、いよいよ『青空について考える』でCDビューを飾る。

所属レコード会社（レーベル）は、ご承知の通りエイベックス トラックス。すでに昨年夏には「エイベックスと秋元（康）さんが組んでアイドルグループを出すらしい」の噂が報じられていたが、現実のものとなったのは今年2月に開始されたオーディションからだった。

新しいアイドルグループの初期メンバーを目指し、応募総数は3万5，678名にも及んだ。

AKB48の公式ライバルとして乃木坂46の応募が始まったときは応募総数3万8，934名、合格者が36名で合格倍率はおよそ1，081倍。今回、応募総数こそ乃木坂46より2，756名ほど少なかったものの、合格者が23名と乃木坂46の1期生より13名も少なく、合格倍率はおよそ1，551倍まで跳ね上がる。

今の女性アイドル界は坂道シリーズの1強とはいえ、コロナ禍をきっかけに地盤沈下も著しい。元気なのは過激化する物販やライブで客を集める地下アイドルだけだが、しかし彼女らはヲタクにしか刺さらない。僕青が乃木坂46を喰える存在になれるかどうか、一般視聴者からの支持も得られるかどうかは、既存のメジャーアイドルオーディションには目もくれずに「新グループの初期メンバー」を目指して応募した、3万5,678名から勝ち抜いた23名にかかっている。

エイベックスはアイドルヲタクから〝女性グループの育て方がヘタすぎ〟の評判が定着しているが、秋元康氏と組んで新たな方向性を見せてくれるのか。

「いかにもエイベックスらしいのは6月15日のお披露目からすぐに特設サイトを立ち上げ、ツイッターやインスタグラム、ティックトック、ユーチューブに対応するに留まらず、インスタグラムやフェイスブックを運営するメタ社の新サービス〝スレッズ（Ｔｈｒｅａｄｓ）〟にも即座に対応するなど、インターネットとＳＮＳへの高い順応性で坂道との差別化を図るところ。さっそく6月19日からはデビューまでのカウントダウンに合わせ、メンバー一人一人の紹介動画を毎日一人ずつティックトックとユーチューブにアップしています」（人気放送作家）

その紹介動画、6月19日からのユーチューブ公開順に公開20日目（午後8時）の再生回数を比べてみると、少々残酷だがうっすらと人気順も見えてしまう。
ここではそれも紹介するが、十の位以下は切り捨てて「00」で統一。あえて大まかな数字にしていることをご了解いただきたい。また7月12日に初めてテレビ出演した『FNS歌謡祭』（フジテレビ）生放送以降は全員の再生数が上がっているので、それ以前（ないし当日）に20日目に到達していた杉浦英恋から長谷川稀未までの4名にとって、多少不利だったことをご考慮願いたい。

杉浦英恋《えれん》　13,400回
早﨑すずき　20,500回
八重樫美伊咲《みいさ》　14,700回
長谷川稀未《ひとみ》　11,400回
伊藤ゆず　11,800回
柳堀花怜《かれん》　15,400回
八木仁愛《とあ》　19,100回
持永真奈　12,000回

山口結杏《ゆあん》　12,700円
安納蒼衣《あおい》　16,300円
須永心海《みうな》　11,000円
萩原心花《ここか》　12,000円
西森杏弥《あや》　18,000円
岩本理瑚《りこ》　12,200円
金澤亜美　10,200円
工藤唯愛《ゆあ》　11,000円
青木宙帆《ゆうほ》　7,900円
宮腰友里亜《ゆりあ》　17,400円
塩釜菜那　8,600円
今井優希《ゆき》　8,800円
秋田莉杏《りあん》　12,400円
木下藍　7,900円
吉本此那《ここな》　12,600円

今回、エイベックスの本気をヒシヒシと感じるのは、お披露目から1ヶ月が経っても、メンバーのスキャンダルがまったく露見しないところだろう。かなり入念に、そして細部まで〝身体検査〟を済ませたに違いない。

「インターネット、特にあの巨大掲示板には、利用者から〝特定班〟と呼ばれる身上調査専門の利用者がいます。これまで彼ら（彼女かもしれないが）は、オーディション合格者が発表されてから1日以内、遅くとも数日以内にはどこかからスキャンダルの証拠を拾ってきていました。乃木坂46は1期生から現在の5期生までチョコチョコと加入時からスキャンダルが発覚しているのに、僕青はお披露目から1ヶ月が経ってもスキャンダルが出てこない。全国オーディション、特に地方出身の合格者の周辺には承認欲求が強い知人がいて、ホイホイと自分のSNSに合格者の過去を晒す。僕青メンバーにその気配がないのは凄いと思う」（同人気放送作家）

果たして『僕青』は乃木坂46の真のライバルになり得るのだろうか？

「ギョーカイではイメージカラーの青、メンバーのルックスや雰囲気から、本当のライバル（ターゲット）は〝日向坂46じゃないか？〟……などと言われています」（同前）

乃木坂46が名実ともにＡＫＢ48のライバルとして認められ始めたのは結成から3年、２０１４年あたりからだった。

僕青も3年間は石の上に座る覚悟はあるのだろうか?

あるいはもっとずっと早く〝ライバル〟として認知されるだろうか?

それはこれからの彼女たち自身にかかっている――。

目次

Prologue プロローグ 2

1st Chapter 23人の青空たち ―Part 1― 13

〝心がキレイな頑張り屋〟センター・八木仁愛 …… 14

早﨑すずきが見据える〝23人の未来〟 …… 22

柳堀花怜が秘める〝スターの条件〟 …… 30

吉本此那のクールなルックスの裏にある〝アツい想い〟 …… 38

杉浦英恋の〝笑顔の魅力〟 …… 46

安納蒼衣が目指す〝国民的女優〟への道……53
前列組の〝精神的なリーダー〟今井優希……61
〝マイペースな最年少メンバー〟八重樫美伊咲の夢……69
工藤唯愛が描く〝花の中2トリオ〟の活躍……77

2nd Chapter 僕青について考える

85
テレビ初出演で見せた〝彼女たちの素顔〟……86
デビュー曲の序列と今後……91
〝メンバーパーソナルカラー〟に隠されたメッセージ……99
滝沢秀明氏の快進撃がもたらす〝僕青の将来〟……106

111

3rd Chapter

23人の青空たち ―Part 2―

青木宙帆が発揮する〝ドリブル突破力〟……112
〝メンバーの精神的支柱〟秋田莉杏……117
〝諦めの悪さ〟を武器にする最年長・伊藤ゆず……121
岩本理瑚が明かした〝素直な想い〟……127
金澤亜美が秘める〝ヲタク受け要素〟……132
〝最年少トリオ〟木下藍が掲げる目標と可能性……138
塩釜菜那の〝誰もが癒される嫌味のない笑顔〟……143
〝僕青の聖母候補No．1〟須永心海……147

〝土木系女子＋土佐弁アイドル〟西森杏弥 …… 154
萩原心花の夢は〝ヒロイン役〟 …… 159
僕青の〝美容番長〟長谷川稀未 …… 165
アイドルになるのが夢だった宮腰友里亜の〝力強い目標〟 …… 171
持永真奈の勇気と〝強い意志〟 …… 176
山口結杏の目標は〝大食い界デビュー〟!? …… 180

エピローグ

Epilogue

186

僕が見たかった青空
23人の青空たち

1st Chapter

23人の青空たち

—Part 1—

Members episodes

〝心がキレイな頑張り屋〟センター・八木仁愛

「彼女は『『お台場冒険王』は子どもの頃に遊びにきた記憶があります。すっごい女の人がたくさん並んでいて、何に並んでるのかと思ったらavexの先輩のEXILEさんのお店（居酒屋えぐざいる）。もちろん子どもだから入りませんでしたけど（笑）』――なんて話してましたね。実際には『お台場冒険王』の名前がつくイベントは2008年以来15年ぶりの開催なので彼女の記憶には残ってないと思いますが、夏休みのお台場地区では『お台場合衆国』や『オダイバ冒険アイランド』などのイベントも開かれていたので、他のイベントと記憶が混同しているのでしょう。いずれにしろ彼女の記憶の1ページに記録されているようです」（フジテレビ関係者）

東京出身の八木は子どもの頃に来たことがある、フジテレビ夏の大型イベントに関われることを喜んでいたそうだ。

7月22日から8月27日まで開催されたフジテレビ開局65周年記念イベント『お台場冒険王2023　SUMMER SPLASH！』。「真夏の湾岸エンタメ EXPO」をテーマに、フジテレビ本社屋および台場・青海周辺エリアを最大限に活かした、大型リアルイベントとして開催された。

皆さんもご承知の通り僕青はオフィシャルサポーターを務めると同時に、デビュー曲『青空について考える』がイメージソングに採用されていた。

開会式イベントで挨拶をした八木は少々噛みながらも――

『8月30日に『青空について考える』でデビューさせていただくために、精一杯みんなで頑張っています』

――と初々しく挨拶をした。

また八木以外にも早﨑すずきは——

『23人で毎日、青春のような日々を過ごしていて、すごく楽しいです』

——と語り、柳堀花怜は、

『あっちにサザエさんたちがいたり、ステージの上にはヤシの木があったりして、夏らしさを感じることができる会場でパフォーマンスすることができてすごくうれしいです』

——と、爽やかな笑顔を見せてくれた。

「いかにも夏に弱そう（？）なクールビューティーの吉本此那も『僕青メンバーで『お台場冒険王』を全力で盛り上げてPRしたいと思います』——などと、大役に気を引き締めていましたね」（同フジテレビ関係者）

4才の頃からヒップホップを中心としたダンスを習い、ダンス大会でアメリカに行ったこともある八木仁愛。

ミュージックビデオでも披露しているムーンウオークが特技だが、本人は――

『確かに4才の頃からダンスをやってはいましたが、そんなゴリゴリに踊れるわけじゃありません』

――と、いたって控え目。

さらに――

『アイドルのダンスはヒップホップとは全然違うので、ヒップホップやジャズ、ロックなどのダンスをやっていたからといって上手く踊れるわけじゃない。逆にダンスをやっていた人ほど難しい振りや、16拍子とか取りづらいリズムもある。だから23人、みんなで支え合って前に進んでます』

――と、〝チームの力〟を強調する。

デビュー曲でセンターを務めた八木は、憧れの人に〝千鳥〟の名前を挙げている。

『千鳥さんの漫才を生で見たい！
この前の『27時間テレビ』の最後にダイアンさん、
かまいたちさんとリレー漫才をやってましたよね。
私たち『27時間テレビ』初日（22日）の午後に、
『お台場冒険王』の開幕特番に出させてもらいましたけど、
もし1日ズレていたら『27時間テレビ』のエンディングまで無理矢理にでも居残って、
リレー漫才を見学できたんじゃない？……と残念でした。
でもデビュー前に夢がいくつも叶うのは贅沢すぎるので、
もうちょっと先まで取っておきます（笑）。
まだしばらくはテレビで見させていただくだけで我慢します』

そんな八木は、メンバーから見ても――


『本当に心がキレイな頑張り屋。

ひと言で言って〝いい子〟です』〈早﨑すずき〉

――と大絶賛。

しかし〝のほほん〟とのんびり屋に見えても、決断力や行動力には目を見張るものがある。

今後はそのあたりのキャラクターが上手く表れてくれれば、さらに新たな魅力を発揮してくれるに違いない。

八木仁愛フレーズ

『ミュージックビデオの撮影は見事に雨に祟られましたね（笑）。
でも、もちろん晴れたほうが全然よかったけど、
私たちの想いとは別に、
雨の日も晴れの日も、
思い通りにならないからってメゲてる場合じゃない。
学びました』

自分ではどうしようもできないことだからこそ、それを受け入れて「どう楽しむか」の精神が必要だと語る八木仁愛。

『私、よく「ボーッとしてる」って言われるんですけど、
自分的には落ち着いてじっくりと考えているだけなんです』

確かにふと気がつくと〝心ここにあらず〟風に見える八木仁愛だが、実は
誰よりも慎重に行動したいだけなのだ。

早﨑すずきが見据える〝23人の未来〟

メンバーのお披露目記者会見直後から、ファンの間では実質的な〝一番人気〟と認識されている早﨑すずき。

「僕青に限らず、公式ライバルの乃木坂46では（デビュー曲から5曲続けて単独センターの）生駒里奈のように、いわゆるスタートからの〝運営推し・秋元康推し〟メンバーはファンの人気が出にくいもの。八木仁愛はファン人気では少しハンディを抱えてのスタートになりますね。ちなみに早﨑は2番手のポジションなので、乃木坂46のデビュー時でいえば生田絵梨花ポジション。23名の中では完璧に推されている部類のメンバーに違いありません」（人気放送作家）

確かに放送作家氏が言うことにも一理あるが、もし早﨑がセンターに指名されていた場合でも「きっと一番人気になる」と保証するのは、『FNS歌謡祭 夏2023』（フジテレビ系）の現場にいた女性スタッフさんだ。

「すごいしっかりしたことを言うので、その場で〝（肝が据わってるな～）〟と思ってプロフィールを調べたら、今年の春に高校を卒業していたんですね。僕青のメンバーでは、真ん中よりも少しお姉さん組に入るでしょうか」（女性スタッフ）

早﨑はどんな〝しっかりした〟ことを女性スタッフさんと話したのか。

「リハーサルが終わって少し時間が空いたきっかけでケータリングエリアに行くと、彼女を含めて何人かのメンバーがモジモジしていたので、ケータリングの取り方を教えてあげたんです。僕青のメンバーにとってはウチ（フジテレビ）のケータリングは初めての経験でしょうからね。そうしたらみんなキチンとお礼を言うのですが、なぜかその中で彼女が気になった。そこで食事をしながら、積極的に話しかけてみたんです」（同女性スタッフ）

最近はテレビの現場に女性スタッフが増えたとはいえ、まだまだ多くても2割程度。ましてや増上寺特設ステージのような生中継現場は力仕事も多いので、スタジオよりも女性が少ない。そんな中、テレビ初出演の彼女たちにとって、女性スタッフはホッとする存在だ。

「もちろん運営スタッフやレコード会社の担当者さんもついていたので、現場の雰囲気にのまれないように、萎縮しすぎないように全員のケアはしていたと思います。それでも23名もいれば、あちらのスタッフさんの目はどうしても年少メンバーに注がれる。私の経験上、48グループや坂道シリーズの初出演もそうでしたから」（同前）

そうして早﨑と言葉を交わす中で、女性スタッフさんは、

「僕青の目指す場所ってどこなの？」

——と、その場にいた数人のメンバーに無意識に問いかけていたそうだ。

「別にそういうことを聞きたいと思っていたわけでもないし、本当に無意識にポロッと出たんです。すると他のメンバーが口ごもる中、彼女だけが口を開きました」（同前）

早﨑は——

『私たちはまだデビューもしてないので、具体的な目的地の想像がつかないんですけど……』

——と前置きすると、

『以前、ある人に、

「一人の旅は目的の場所に早く着くけど、

仲間と一緒の旅は楽しくて、気づいたら目的地よりも遠くまで行ける」

──って教えていただいたことがあって、

まさに〝僕青の可能性のことだな〟って、最近ようやく言葉の意味に気づいたんです。

「23人でどこまで行けるか？」──想像がつかない楽しみを味わってます。

どこかに急いで向かう必要もないし』

──こう答えたそうだ。

「ちょっとカッコよすぎて驚きました！　そして堂々と話す姿に〝（肝が据わってるな～）〟と感心させられました」（前出女性スタッフ）

これは後ほどご紹介する彼女のフレーズにある――

『中学の頃、尊敬する先生が、
「みんな一人一人、それぞれの人生では主人公なんだよ」――って教えてくださって、
それがずっと心に刺さってる』

――と同じ先生の言葉なのか?

「具体的に誰とは言ってなかったですし、口振りからはそんな何年も前に聞かされた言葉ではないと思います。しかし誰に聞かされていようと、しっかりと〝彼女の言葉〟になっていましたよ」(同前)

早﨑すずきが見据える〝僕青の未来〟――

『「23人でどこまで行けるか？」――想像がつかない楽しみを味わってます。
どこかに急いで向かう必要もないし』

そう、何も急いでどこかに向かう必要などない。
一歩ずつ確実に前に進み、23人でどこまで行けるかを楽しんで欲しい。
彼女たちは今、想像も尽かないほど大きな可能性を秘めているのだから――。

早﨑すずきフレーズ

『中学の頃、尊敬する先生が、
「みんな一人一人、それぞれの人生では主人公なんだよ」
——って教えてくださって、
それがずっと心に刺さってる』

尊敬している相手の言葉はよく刺さる。どんな言葉かよりも、誰が言ったかが大切。そう、「みんな一人一人、それぞれの人生では主人公」なのだ。

『経験上、物事の答えを早く出そうとすればするほど、出した答えが間違っていることのほうが多い』

どんなときも、できるだけ焦らないように。「人より少しぐらい遅くても、よく考えることを優先している」――と語る早﨑すずき。

柳堀花怜が秘める〝スターの条件〟

「僕青はメンバー23名のうち6名（岩本理瑚・木下藍・早﨑すずき・持永真奈・八木仁愛・柳堀花怜）が東京出身で、その6名に含まれる柳堀花怜は東京育ちでありながら小学1年生の頃から約11年間も茶道（表千家）を続けていて、高校の部活でも茶道部の部長を務めています。そんな彼女に相応しく、着物の着付けをして京都の街を歩くのが趣味。茶道をやっているので自分で着付けができますが、嵐山や東山でレンタル着物に着替えて京都の街を歩くと『気持ちがピリッと引き締まる』――そうです。僕青がデビューして露出が増えると、そんな趣味も楽しめなくなりそうですけどね」（フジテレビ関係者）

平均身長約158．6㎝の僕青メンバーの中では、伊藤ゆずの170㎝、山口結杏の166㎝に次ぐ163．4㎝の柳堀花怜。

この〝．4㎝〟がどうしても気になるが、これは某メンバーによると――

『大きな声では言えないんですけど、
萩原心花ちゃんと宮腰友里亜ちゃんが公称163㎝で、
その2人よりも見た目微妙に高いから、163．4㎝にした』

――らしい。

これから先もまだまだ伸びる可能性もあるのだから、164㎝でも165㎝でもよかった気がするのだが、その某メンバーによれば――

『そこが花怜ちゃんの謙虚なところ』

秋元康氏も柳堀花怜を高く評価していて、周囲に――

『前田敦子2世。近い将来のセンター』

――と明かすほど期待をかけているそうだ。

「フォーメーションも3番手ですから期待されているのは間違いない。秋元さんは『柳堀の笑顔は人を幸せにする』――と最高の賛辞を贈っています」(同フジテレビ関係者)

その秋元氏の見立て通り――

『より多くの方を笑顔にしたい』

――と話す柳堀花怜。

そのためには『誰もが知る芸能人になる』ことが目標だというが、独自の計画を練っているようだ。

『とにかく『しゃべくり007』に出たい。

もちろん出るだけじゃダメで、

しゃべくりメンバーの皆さんのように上手いトークができるようになりたい。

いつ声をかけていただけるかわからないけど、

こうしていつも『しゃべくり007』のことを話していたら、少しでも早く呼んでもらえるかも。

すっごい憧れの番組』

『ぽりぽり（柳堀花怜のニックネーム）はオールマイティーにたくさんのことができる子。

しかもメンバーが辛そうにしているときは誰よりも早く気づいて寄り添ってくれるような、頼りがいのあるお姉さん。

さすが部活で部長さんや（シンクロの）マネージャーをやっていただけのことはありますよね。

同じメンバーではあるけれど、7月24日に18才の誕生日を迎えたぽりぽりは高校3年生、私は高1なので、高校生の2コ違いは完全にお姉さん。

そういうと「ババア扱いするな！」――って怒られるんです（笑）』〈八木仁愛〉

23名中、たった一人だけイメージカラーが〝イエベ秋〟の柳堀花怜だが、そこも秋元康氏は――

『その特別性がスターの条件の一つ』

――と、大きな期待をかけていると聞いている。

「実は僕青に限らず、〝イエベ秋の芸能人〟も少ないんです。ところがそんな少ない中でも米倉涼子、吉高由里子、北川景子、川口春奈、今田美桜、山本美月、仲里依紗など女優とモデルで活躍するスターが多いのが〝イエベ秋〟で、〝洗練された・落ち着いた・穏やか〟のどれかのイメージを与える芸能人が多い。ピンクベースのメイクや明るい色のヘアカラーがよく似合い、パステルカラーや柔らかい色味の服装がより魅力を引き立てる。柳堀もイエベ秋の先輩に負けず劣らず、売れっ子になる可能性も高い。ますます〝ぽりぽり〟のスター性が際立ちます」（前出フジテレビ関係者）

『私自身は年下の子から憧れられるタレントさんにもなりたい。

私が『しゃべくり007』の皆さんに憧れて毎週楽しみにしているように、

いつかレギュラー番組やレギュラーモデルをやらせてもらえるようになったとき、

今の（『しゃべくり』に憧れる）私のように私の出番を楽しみに待ってもらえるような、

そんな存在にもなりたい。

欲張りだけど、どうせ（タレントを）やるなら、

夢や目標はデッカく持ちたい』

そんな気持ちの面からも十分なスター性を感じさせる柳堀花怜。

彼女や八木仁愛、早﨑すずき、吉本此那らのメンバーが単独で活躍できるようになれば、ますます僕青の未来は明るく開けるだろう――。

柳堀花怜フレーズ

『こんなことを言うと、
〝ちっぽけな人〟って思われるかもしれないんですけど、
私、大それた欲とか望みとかは持ってなくて、
今の暮らしや環境に対する感謝しかない』

その〝感謝する気持ち〟が、柳堀花怜をもっと上まで連れていってくれるのだ。

『私が〝いっぱい寝たい〟のは、
寝ることによって蓄えられたパワーで、
〝素晴らしい明日〟にしたいから』

基本、人間には寝溜めはできないけれど、よく（深く）眠って体を休め、活力に繋げることは誰にとっても大切。寝ることでチャージされたパワーで柳堀花怜の明日は〝素晴らしい明日〟になる。

吉本此那のクールなルックスの裏にある〝アツい想い〟

「本人は『よくクールって言われるけど、友達とケンカしたことがないぐらい穏やかなのに……』と笑ってました。さらに『余計なことに口を挟まないというか、人のやることをいちいち気にしないから〝クール〟に見えるのかも』——とも話していました。おそらくそう思われるのは、彼女の〝切れ長の美しい瞳〟と見たことがないぐらい〝美しい黒髪〟のせいだと思います」（FNSメイクスタッフ）

僕青がテレビ初出演を果たした『FNS歌謡祭』（フジテレビ系）のメイクスタッフは、

「僕青も48グループや坂道シリーズみたいに簡単なベースメイクは自分たちでやってます。だから基本的には私たちの出番はほぼありません。だけど彼女はあのクールな顔立ちと美しい黒髪で、私たちの職業本能を駆り立てるというか、どうしても触ってみたくなる（メイクを施したくなる）タイプ。だから少し話しかけてみたんです。するとめちゃめちゃ話しやすかったので、逆の意味で驚かされました」

——と明かす。

もちろん吉本此那のことだ。

デビュー曲『青空について考える』のポジションは八木仁愛、早﨑すずき、柳堀花怜に次ぐ4番手。

自己分析では『あまりガツガツと人前に出ていく性格ではない』と話すものの――

『センターの八木ちゃんは2コ下ですし、私も支える側に回りたいですね。

全体的に見ればいいポジションをいただいてますし、

私的には〝あまり前に出すぎず、でもおいしいポジション〟で大満足しています（笑）。

ファンの皆さんの中には〝もっと目立って欲しい〟と言ってくださる方も多いんですけど、

縁の下の力持ちタイプでみんなを引っ張るのも〝クール〟じゃないですか？』

――と話す吉本此那。

また吉本も他のメンバー同様、八木仁愛の〝人となり〟を絶賛する。

『八木ちゃんはヒップホップで私はジャズダンスを習っていたんですけど、
ジャンルは違っても八木ちゃんがすごく踊れることはわかる。
八木ちゃん自身もダンスには自信を持っていると思いますが、
それをまわりにひけらかさないのが八木ちゃんの謙虚な性格。
普通、まわりに偉そうにしたり自慢したりしても、
表向きは誰も文句を言えないぐらいの実力差。
でも八木ちゃんには一切それがないし、
だからみんな「センター八木ちゃんのためなら」――ってまとまれる』

石川県出身の吉本此那だが、僕青のメンバーになって少し残念だったのが――


『みんな石川県のイメージが浮かんでくれない。

とある沖縄出身のメンバーに「金沢がある県」って言ったら、

「えっ!? 金沢って金沢県じゃないの？ 神奈川県？？」――と返してきたんですけど、

〝かなざわ〟〝かながわ〟どっちも違うわ！』

そんな吉本此那は個人紹介VTRでもビニール傘を使って片鱗を見せていたが、6年やっていたバトントワリングでは入門、初級、中級の資格を持っているそうだ。

あまり知られていないがバトントワリングには技能検定があり、基本・入門・初級・中級・上級・選手権の6つのクラスに分けられている。

吉本はその上から3番目、中級の資格まで進む実力の持ち主。今後、ライブやイベントでその実力を披露してくれる日が来るのではないか。

『同い年で普段から仲良くさせてもらっているんですけど、
クールな見た目と違って、
すごく話しやすくて相談もしやすくて、
同い年と思えないほど頼りがいがある。
ファンの皆さんも此那のギャップ萌えにハマりそう』〈今井優希〉

『バトントワリングってみんなのイメージよりもめっちゃハードなんですけど、
私はそこで「辛さの先に幸せがある」ことを学んだ。
今は毎日メンバーのみんなとめっちゃ楽しい僕青ですけど、
きっといつか壁に当たって辛い日々を過ごすときが来る。
乃木坂さんだってAKBさんだって、最初からミリオンセールスだったわけじゃない。
「何年もかかって1位になった」って、スタッフさんが話してくれました。
そんなときはみんなの先頭に立って、
これを乗り越えれば〝幸せが待っている〟ことを信じて引っ張りたい』

――そう話す吉本此那。

もちろんずっと幸せなままでいたいが、もし挫けそうになっても、吉本此那が引っ張ってくれるから僕青は大丈夫――そう言われるメンバーになりたいと話す。

『同学年のメンバーって、
ぽりぽり（柳堀花怜）、ゆきっち（今井優希）、うなちゃん（須永心海）って3人いるんですけど、
同学年、それも高校3年生ならではの悩みってあるじゃないですか？
「進学するのかしないのか」……とか。
私たちがそのあたりをどう乗り越えるのか、今の高2メンバーが注目してると思うんです。
もちろん高1も。
すーちゃん（早﨑すずき）たち1コ上のメンバーは僕青に入る前に決断してるわけで、
私たち今の高3が最初のケースになる。
だから慎重かつ真剣に、下のコたちにいろんな道や可能性を示したい』

クールなルックスの裏にある〝アツい想い〟こそが、吉本此那の魅力なのだ。

吉本此那フレーズ

『私たち僕青には、
きっと「なすべきこと」「行かなきゃいけない場所」がある。
だから努力はするのが普通』

強い瞳に意志の強さを感じさせる吉本此那は、「この23人ならば誰よりも高く跳べる」と信じているのだ。

『自分のポリシーというかルールとして、
無理矢理に白黒ハッキリとつけない。
「グレーならグレーのままでいい」っていうのがあります』

白黒ハッキリつけたがる性格に見えるが、意外な許容力、包容力を見せる吉本此那。

杉浦英恋の〝笑顔の魅力〟

「運営や秋元さんは〝笑顔といえば柳堀花怜〟で売りたいのでしょうが、実際にメンバーに会ってみると、笑顔が一番印象に残ったのは杉浦英恋でした。これは僕個人の意見ではなく、しかも20代の若いスタッフほど彼女に対する評価が高かったですね」

僕青が出演した『FNS歌謡祭 夏2023』中継スタッフ氏は、〝笑顔といえば杉浦英恋〟派の一人だ。

杉浦本人は自分のセールスポイントを――

『元気のない人を励ますこと』

――と話しているが、そこに大切な要素として加わるのは〝笑顔の魅力〟だろう。

『メンバーのみんなから、
「英恋はムードメーカー」と言ってもらえるのが本当に嬉しくて、
特に「人を楽しませる力がある。英恋の笑顔を見ると力が湧く」――なんて、
最高の褒め言葉じゃないですか？』〈杉浦英恋〉

チャームポイントは『八木ちゃんと対照的に耳が小さいところ』と屈託のない笑顔で笑う杉浦だが、
もちろんこのセリフは、1才年上のセンター・八木仁愛をディスっているわけではない。

『そもそも英恋に人をディスるような知恵はない（爆）。
確かに感情の起伏が激しいときもあるけど、
それは英恋の中で消化しきれない不安が膨らんだときだけ。
スゴく優しい子だし、今の環境も含めて、
いつもまわりに感謝ができる真っ直ぐな子』〈柳堀花怜〉

近い将来の夢としては――

『ラジオのパーソナリティを務めてみたい』

――とも明かす杉浦英恋。

「最近ラジオ番組は熱狂的なリスナーに支えられていて、オードリーの番組は東京ドームで番組イベントを開いたぐらいですからね。頭の固い業界人はそれを単なる〝オードリー人気〟といいますが、仮にオードリーが漫才やコントで東京ドームを満席にできるかといえば、それはまったくもって不可能な話でしょう。ラジオのリスナーは単なるお笑いファンではありません」(人気放送作家)

それについては杉浦英恋も自分の考えがあるようだ――。

『私は星野源さんのラジオが好きで、
もちろんアーティストとしての星野源さんの作品も聞いてはいるんですけど、
一番は断然ラジオなんです。
イヤホンから聞こえてくるのは星野源さんの声だけで、
聞いた私は頭の中でいろいろと変換するというか、想像力で世界が広がっていく。
星野源さんのラジオに限らずラジオ好きのリスナーって、
パーソナリティさんの言葉を頭の中で何倍にも膨らませて自分の世界観で楽しむ。
映像があったら想像ができないというか、〝答え〟を見せつけられているじゃないですか』

15才・中学3年生で、立派にラジオの楽しみ方を知っている杉浦英恋。

「令和に生きる中3にはラジオ以外の楽しみやメディアはたくさんある。ましてや杉浦は愛知県出身で、その気になれば名古屋に出て様々な文化に触れることができたはず。ここ数年、名古屋からは個性的な地下アイドルやアーティストがたくさん出てきて、ライブハウスやホールも増えました。地下アイドルはとっくに大阪を超えていて、東京に次ぐ市場になっています」（同人気放送作家）

そういえば名古屋にはメジャーアイドルのSKE48もいる。

「SKEは秋元さんのプロデュースを離れ、小室哲哉さんやヒャダインさんの作品を劇場公演にかけていると聞いています。さらにいえば、そのSKE48を運営している株式会社KeyHolderは乃木坂46合同会社を持分法適用会社として所有しているので、SKE48と乃木坂46は実質的には〝本当の姉妹グループ〟。愛知県出身の杉浦も学校のアイドル好きからそんな話を聞いていたかもしれないのに、そのSKEのオーディションは選択肢にはなかったようですね」（同前）

僕青ファンとしては、下手にSKE48のオーディションでも受けて合格していたらたまったものではなかっただろう（苦笑）。

『SKEさんは名古屋でずっとラジオをやっていたので、すごく羨ましい時期もありました。でも結局、私は僕青のオーディションを受けて合格して、素敵な22人の仲間と出会った。これって絶対に運命だから、私はその運命を大切に、そして信じてやっていきたい。私が目指す場所も、僕青のメンバーとしてたどり着きたいんです』

心からメンバーと僕青を愛している杉浦英恋。

そんな彼女だからこそ、これから多くのファンの皆さんを癒し、そして励ましてくれることだろう――。

杉浦英恋フレーズ

『私、よく「いつも笑ってるね」って言われるんですけど、
困難とかピンチのとき、笑って乗り越えられる人になりたい』

これは〝作り笑いをする〟ような意味ではなく、心の持ち方の問題。
杉浦英恋ならばそれができる。

『マイペースではありますけど、
マイペースだからこそ気づける真実とか真理って、
山ほどないですか？』

自分の判断、マイペースだからこそ見えてくるもの。それに気づけた杉浦は強い。

安納蒼衣が目指す〝国民的女優〟への道

『本好きの八木ちゃんがメイキングで――
「〝僕が見たかった青空〟というタイトルの本があったら買いたい」――って話してましたけど、
私も本好きだからその気持ちはよくわかる。
でも私の場合、東野圭吾さんの作品だったら……ですけどね（笑）』〈安納蒼衣〉

ミステリー好きの安納蒼衣が東野圭吾作品を好きなのは、その作品性はもちろんのこと――

『（東野作品は）映画化とかドラマ化とか、めっちゃされるじゃないですか?
私もいつかは出てみたい。作品読み込んでるから、役作りには自信ありますよ』

――と、若干〝邪《よこしま》な動機〟（?）だったりもする（笑）。

『いやいや、東野作品はそんな生やさしいモノじゃありませんから!
私は心からリスペクトしてるんですよ!!』

――と話す安納蒼衣。

そういえば東野作品の映像化はそれこそ合わせて100作品を超えていそうだが、中でも安納は――

『加賀恭一郎シリーズの中から阿部寛さんが主演された〝新参者シリーズ〟。
福山雅治さんが湯川教授を演じた〝ガリレオシリーズ〟。
木村拓哉さんと長澤まさみさんの〝マスカレードシリーズ〟。

――この3シリーズに出てみたい。
でも、出られるならどの作品でもいいっちゃいい』

――だ、そうだ。

『〝新参者〟と〝ガリレオ〟は連ドラ化されたあと、映画化されたじゃないですか。
〝マスカレードシリーズ〟はまだ〝マスカレード・ホテル〟と、
〝マスカレード・ナイト〟が映画化されただけで連ドラ化されてないから、
（ホテル）コルテシア東京に宿泊する〝令嬢A〟とかの役でもいいから連ドラ版に出たいですね。
最近TBSさんは池井戸（潤）作品ばかりだし、
日曜劇場の枠で〝マスカレード〟の連ドラ化はどうでしょう。
もちろん主演は木村拓哉さんと長澤まさみさんのペアで』

――そんな企画提案まで。

〝ホテル・コルテシア東京〟とは、マスカレードシリーズの舞台になる架空のホテル。
ちなみに安納は英会話、ピアノ、ダンス、バイオリン、ドラムを習ってきたうえに、現在は吹奏楽部の副部長を務めている。これなら令嬢の資格はありそうだ。

『〝令嬢〟ってお嬢様のこと？
だったら蒼衣ちゃんにピッタリですね。
顔もめっちゃお嬢様顔してるし。
蒼衣ちゃんは私が嫌なことがあったり〝不安だな〟って顔をしてるときは、
何も言わなくてもすぐに駆けつけてくれてそばにいてくれる。
でも令嬢ってマンガとかでは性格悪いイメージあるけど、
そこは蒼衣ちゃんとは違う。
自信を持って断言します』〈八重樫美伊咲〉

安納は幼稚園の卒園アルバムに『アイドルになりたい』と綴り、その夢を見事に叶えている。
その〝現実〟について――

『活動していくうちにだんだんと忘れがちになる初心と感謝を常に忘れず、皆さんに愛される存在でいられるように頑張りたい。

よく（今井）優希とも話してるんですけど、

僕青は年令差が上と下で8才（学年）あってもみんな同期だから、気になったらお互いに注意し合いたいし、しなきゃダメだと思う。

私や優希だけじゃなく、グループとして、

「僕青ってずっと謙虚なままだね」――と言われなきゃ意味がない』

――そう言って気を引き締める安納蒼衣。

将来、東野作品のヒロインに大抜擢されたとしても謙虚な気持ちを忘れずに。

『たとえ〝国民的女優〟と言われるようになっても、私は調子に乗ったりしませんよ。
今、国民的女優と呼ばれる方、
たとえば長澤まさみさんとか石原さとみさんとか綾瀬はるかさんとか、
「調子に乗ってるぞ！」「性格悪いぞ！」
……なんて話題になったりしないじゃないですか？
私がもしアイドルから女優になれたとしたら、
そういう先輩方の良い面をきっちりと見習いながら精進したいんです。
調子に乗ってる暇はないし、謙虚さを忘れることもあり得ません』

将来の自分の進むべき道をしっかりと見据えている安納蒼衣。
彼女が〝国民的女優〟と呼ばれる日が来るのを楽しみにしよう——。

安納蒼衣フレーズ

『自分自身についての自信や、
「これが人よりできる!」みたいなものがない私にも、
きっとチャンスは平等にやって来ると信じてました』

チャンスは平等にやって来るが、それを掴む、活かすことは平等ではない。
もちろん安納蒼衣はそれも理解している。

『誰でも嫌だと思うんですけど、
私はまわりに振り回されることが本当に無理で。
だから〝まわりに興味ない〟風に見られてしまいがち』

先にお断りしておくが、これは僕青メンバーを指してのセリフではない。
ないからこそ、メンバーは彼女に「もっと心を開いて欲しい」と願う。

前列組の〝精神的なリーダー〟今井優希

〝意外〟といったら今井優希に失礼かもしれないが、前列組のキーパーソンは八木仁愛でも早崎すずきでも、ましてや柳堀花怜でも吉本此那でもなく、この今井優希かもしれない。

「前列の9人を学年別に分けると、2004年組の早崎すずき、2005年組の今井優希・柳堀花怜・吉本此那、2006年組の安納蒼衣、2007年組の八木仁愛、2008年組の杉浦英恋、2009年組の工藤唯愛・八重樫美伊咲——と、2004年組から2009年組まで6世代、綺麗に分かれています。簡単にいうと小1から小6まで揃い踏みって感じでしょうか。その中で上から2世代目、人数も一番多い2005年組が前列を引っ張る存在になるのは自然の流れ。しかしその2005年世代でも柳堀花怜と吉本此那ではなく、言ってみれば〝第3の存在〟でもある今井優希が、この9人の精神的なリーダーを務めてくれていると聞いています」（人気放送作家）

この放送作家氏は「フジテレビ真夏の大型イベント『お台場冒険王2023』のステージ責任者から聞いた話」として、会期中、僕青が中継やステージに出演した際には、必ず今井優希を中心に輪ができていたエピソードを話してくれた。

「僕青にはキャプテンはいなかったので（※この時点ではいつキャプテン制が敷かれるのかは未定）、リーダーシップを持つ者の周囲に人が集まるのでしょう。今井は自分たちの出番では八木や早﨑に『こんな風にしゃべったほうがいい』——と耳打ちし、彼女たちを目立たせようと〝裏回し〟していたそうです」（同人気放送作家）

〝裏回し〟とは、主にバラエティのクロストークなどで、本来はトークする側であるにも関わらず、進行役のMCさながらにその場を仕切ることだ。

『よく芸人さんがテレビで〝裏回し〟って言ってるから（言葉と意味を）覚えちゃいましたけど、私自身はそんな達人みたいなことをやっているつもりはありません。
ただ、どうせ出るならみんな目立って欲しいというか、
当たるべき人にちゃんとスポットライトが当たって欲しいし、
よくメディアに出させてもらうメンバーでいえば、
「センターの八木ちゃんと2番手のすーちゃんはもっと注目されてもいいんじゃない？」――って、ずっと考えてます』〈今井優希〉

同じ前列の杉浦英恋と同じく愛知県出身だが、マイブームが――

『まだ一人キャンプは怖いけど、家族キャンプと家族テントサウナ』

――と、かなりアクティブな一面を持つ今井優希。

『夢はすっごい星空の高原キャンプで、
そのすっごい星明かりの下で大好きな本を読んで過ごすこと……だけど、
日本じゃちょっと無理かな?
テレビ番組のロケで、そんな海外に連れていってもらえないかな?』

——と、夢を話す今井優希は、そんなアクティブなアウトドア派であるにも関わらず『室内でメンバーのみんなと話すのも大好き』と明かす。

『私たちはみんなバラバラの環境で育ってきたわけで、
そんなみんなを深く知るためには〝会話〟をすることが一番。
大人のスタッフさんの中には、
「同じメンバーでも深く知る必要はない」ってアドバイス(?)してくださった方もいますが、
私はそれぞれのメンバーの長所を見つけてあげたいんです。
それにまわりのみんなを明るくしたい。
だから深く知りたい』

好奇心旺盛で、誰とでもフレンドリーに接することができる今井優希。

『私は人と話すことが大好きで、何事も前向きにポジティブに考えることができるタイプ。
だからメンバーだけじゃなく、スタッフさんもそうだし、
ファンの皆さんともお話しできることがすっごい楽しみ。
たまにグループを卒業したアイドルが、
〝本当は握手会が大嫌いだった〟と打ち明けて炎上してますけど、
私にはそんな心配はありませんよ（笑）』

同じ前列で序列も近い安納蒼衣は、そんな今井優希についてメンバーから見た一面を教えてくれた。

『ゆきっち（※今井優希のニックネーム）は〝ザ・かわいい〟みたいな、
〝ザ・アイドル〟みたいな感じの子なんですけど、
毎日癒やしをすごくもらっていて、
でもすごくしっかりしているお姉さんなのでいつも頼っちゃいます』

『いやいや、〝ザ・アイドル〟は蒼衣のほうでしょ。
でもそういう風に言ってもらえるのは嬉しいけど。
ちなみに私の中の〝アイドル〟は、断然の断然で広瀬すずさん。
出身が愛知の隣の静岡で、
中でも〝静岡市〟だから愛知からはちょっと遠いことは遠いけど、
地元が近くの親近感はある。
いつもドラマや映画を見ていて、
あの美しさには本当に憧れますね』

そう話す今井優希だが、次は今井自身が僕青で活躍し、憧れられる番だ!

今井優希フレーズ

『最近、誰も見ていないところでも絶対に信号を守るんです。
もちろんそれが当たり前だけど、
そういうルールを守ることにこだわっていけば、
いつかドカンと良いことが返ってきそう（笑）』

誰も見ていないからこそ守る――運気上昇のきっかけと思い込むことも大切。

『いつもテレビで（メジャーリーグの）大谷選手の話題ばっかりやってますけど、
大谷選手は異次元すぎるけど、
勝っても負けても楽しめるような、
そんな選手に子どもたちは具体的な夢を見る気がする』

自分の目指す道では〝楽しむ〟ことが一番なのだ。次は今井優希、そして僕青が、子どもたちに夢を見させてあげるアイドルになる番だ。

〝マイペースな最年少メンバー〟八重樫美伊咲の夢

「確かに最初に個人紹介のショート動画が公開されたときから上位人気ではありましたが、のちにミュージックビデオが2パターン公開されたあたりから、一般の視聴者層に〝あの子は誰だ？〟と注目され始め、さらにグングンと人気を伸ばしましたね。この手の〝大人数アイドルグループ〟の最年少メンバーは人気が出にくいのがアイドル界のセオリーですが、彼女はそれを打ち破るかもしれませんね」（人気放送作家）

２０１０年３月５日生まれの八重樫美伊咲は、２００９年８月４日生まれの工藤唯愛、２００９年８月19日生まれの木下藍とともに最年少の２００９年組メンバー。

しかし早生まれの八重樫が実際の最年少にあたり、さらに宮城県仙台市出身の彼女は、満１才と６日で東日本大震災に被災した経験の持ち主だ。もちろん当日の記憶などあろうはずもないが、物心ついたときにはいくら都会の仙台市内でも、まだ震災の爪痕が残された地域もあったはず。八重樫は仙台のみならず宮城、東北の期待を背負ってのデビューなのだ。

『地元の期待がどうとかのプレッシャーは感じてませんけど、
絶対に地元・仙台でコンサートはやりたい！
ほとんどのアイドルさんは仙台でコンサートをしてくれるし、
AKBさんは何年間も復興活動を応援してくれる姿をニュースでも見ていたし、
僕青が仙台でコンサートを開催したとき、
〝自分の中にどんな感情が芽生えるか〟はすっごい楽しみ』〈八重樫美伊咲〉

実は八重樫は個人紹介ショート動画で披露したバレエでも地元では知られていて、2021年には『第8回 NBA仙台バレエコンクール』トウシューズ小学6年の部で上位6名に入選し、同じく2021年には『第16回 ALL NIPPON D.A.T.E クラシックバレエコンペティションMIYAGI』のジュニアB1部門でも努力賞を獲得している。

「順調にいけばプロのバレリーナを目指していたのではないでしょうか。すでに身長もスラリと160㎝を超えているので、僕青のモデル班、女優班をリードしてもおかしくはありません」〈同人気放送作家〉

またこの八重樫も杉浦英恋ほどアツくはないが、ラジオパーソナリティにも挑戦してみたいそうだ。

「『FNS』の空き時間に会話の中で〝仙台出身〟だと知ったので、〝伊達政宗と狩野英孝とサンドウィッチマン、誰が好き？〟と聞いてみたんです。〝これから先、芸能界で生きていくと、きっと何百回も聞かれるよ〟と言いながら（笑）。そうしたらやっぱり『サンドウィッチマン』――と答えました」

（フジテレビ女性スタッフ）

八重樫によると、サンドウィッチマンは別格らしい。

『仙台というか、宮城の人全員が、サンドウィッチマンさんは別格と思っていると思います。

地元愛のスゴさと姿勢、あとめちゃめちゃ面白い。

狩野英孝さんも頑張ってらっしゃいますが、

やっぱり面白さではサンドウィッチマンさんに敵わないじゃないですか？

……（生意気言って）すいません。

でも狩野英孝さんもサンドウィッチマンさんとの人気差を自虐ネタにしてるし、

逆にサンドウィッチマンさんよりも人気が出たら困るんじゃないですか（笑）』

なかなか鋭い分析（笑）。

そしてそんなサンドウィッチマンのラジオ番組『ザ・ラジオショーサタデー』が、昨年の10月から東北放送でネット放送されるようになったそうだ。

『土曜日の昼間なんですけど、ちゃんと家で聞いてました。
あまり生放送のラジオとか聞いたことなかったけど、サンドウィッチマンさんだから。
夢としてはその番組のアシスタント！
毎週サンドウィッチマンさんに会えるし、
私の家族や友達も私がサンドウィッチマンさんとラジオで共演なんてしたら、
めっちゃ喜んでくれる』

さすが、サンドウィッチマンは仙台の、宮城の英雄だけのことはある。
しかし何年かあとには、八重樫美伊咲が〝地元の英雄〟の座をサンドウィッチマンから奪うぐらいの気持ちが欲しい。

『それは完全に狙ってますし、
私、東京から仙台に帰るとき、新幹線のグランクラスで帰れるぐらいの身分になりたいんですよ。
実際、写真やニュース映像でしか見たことないんですけど、
宇宙船みたいに豪華なシートだったので。
仙台でコンサートやって、東京との往復はグランクラス――。
夢すぎて大変です』

そんな八重樫について、同じ前列メンバーかつ同学年の工藤唯愛は――

『美伊咲はすごく優しくて、いい意味でフワフワしている感じ。
いつも一緒にいて楽しいしノリもいいけど、自分の意見もハッキリと言えて、性格もいい子ですね。
バレエだけじゃなくピアノも同じぐらいの長さ（10年）やってるから、
私のオーボエとセッションしてみたい、いつか』

――と話す。

『私も唯愛のオーボエとセッションしたい。
性格は自分ではあまり感じていないんですけど、
親に言わせると少しマイペースなところがあるらしいです。
僕青23人の輪を乱すわけにはいかないので、
頑張ってマイペースを直すような行動を心掛けてます。
でも、もともと自分はマイペースだとは思ってなかったので、
直っているかどうかはわかりませんけど……』

それを〝マイペース〟って言うのかも（笑）。
ちなみに八重樫美伊咲は中学の部活でフルートを吹いていたそうなので、オーボエ×ピアノよりも
〝オーボエ×フルート〟のほうがハマるかもよ。

八重樫美伊咲フレーズ

『私とか年下組で、
お姉さんメンバーがいつも庇ってくれますけど、
たまには自分で苦い粉薬を平気で飲めるようになりたい。
なんかワケわかんないけど（笑）』

八重樫美伊咲を子ども扱いするつもりはないが、13才、中学2年生だからといって「これはできない」とまわりが決めつけてはいけない。

『私という人間は世界に一人しかいないから、
人と違うのが当たり前』

クラシックバレエをしているときが、「一番自分らしくいられる」——と語る彼女。僕青の活動がクラシックバレエを超える日が来るときを願う。

工藤唯愛が描く〝花の中2トリオ〟の活躍

八重樫美伊咲が『地元・仙台で凱旋コンサートがしたい。地元の英雄サンドウィッチマンさんとラジオで共演したい』と言えば、その八重樫と同学年で同じ北日本出身（北海道）の工藤唯愛は——


『私も北海道で凱旋コンサートがしたい！

そして地元の大スター・大泉洋さんと地元の番組で共演したい。

大泉さんは映画とかバラエティとか地元の番組とかいろんなところで活躍されていて、小さい頃からお母さんと一緒に見たりすることが多くて、

「いつかお仕事でご一緒してみたい」——とずっと願ってたから』

——と、こちらも地元・北海道（江別市）出身の大スターの名前を挙げた。

『確か去年まで3年連続で『紅白』の司会とかされてませんでした?
大泉さんといえばNHKの『SONGS』のナビゲーターもやってらっしゃるから、
いつか僕青のオリジナル曲がたくさんヒットしたあと、
『SONGS』に呼んでいただけたら嬉しい。
そのときはお母さんもスタジオ見学したがると思う(笑)』

大泉洋は『第71回 NHK紅白歌合戦(2020年)』では白組司会を。以降、翌2021年の『第72回 NHK紅白歌合戦』、2022年の『第73回 NHK紅白歌合戦』では総合司会に名を連ねている。

『すっごい夢として……でも結構現実的な目標として、
今年の紅白歌合戦も大泉洋さんが司会をされて、
そこに僕青が出演する未来を、私はハッキリと思い描いていますね。
きっとこういうのって、最初から無理だと諦めたらいけないと思うんです。
まわりの人にいくらバカにされても、私は今年、大泉洋さん司会の紅白歌合戦に出るんです!』

普段から北海道育ちらしい〝おおらかさ〟や、北海道の大地のような〝心の広さ〟を持っていて

ノンビリ屋の一面が強い工藤唯愛が、これほどまでのこだわりを持っていたとは。

『工藤ちゃんは、いつでもどこでもとにかく可愛い。

「肌の白さはやっぱり北海道出身だから?」――って、10回以上聞いてます(笑)。

しかもまだ中2なのに、大きくて広くて寛大な心の持ち主。

それでいながら、ちゃんと芯が通っているところが凄い。

何事にも全力で熱心に取り組めるパワーも凄い。

普通に憧れるポイントだらけですね』〈杉浦英恋〉

そんな杉浦の言葉に――

『英恋は私が持っていないものばかり持ってる』

――と言いながらも、

『でも普段はちょっとマイペースな感じの私ですけど、
パフォーマンスのときにスイッチが入ったらもう集中しまくれるというか、
もう一人、別の人格が現れるぐらい集中できます。
見てくださる方は、そんな私にも注目して楽しんでもらいたいですね』

――と胸を張る工藤唯愛。

『同い年で同じ前列の美伊咲は本当に良いライバル。
きっとこれから前に出てくる（木下）藍と3人、中2トリオで頑張りたい。
乃木坂46さんが結成されたときも、
生田絵梨花さん、斎藤ちはるさん、中元日芽香さんの3人が、
「中3トリオと呼ばれていた」ってスタッフさんに聞いて、
でも僕青の中3は英恋しかいないから、1コ下の私たちトリオで頑張る。
来年（2024年）の春になれば本当の〝中3トリオ〟だし』

ちなみに前列には柳堀花怜、吉本此那、今井優希の〝高3トリオ〟もいるが……

『ぽりぽりたちは中3に若返るのは無理だし、
それにうなちゃん（須永心海）も高3でしょ？
私たちしか今後〝中3トリオ〟を名乗れないんですよ』

その口振り、完全に高3トリオをオバさん扱いしてるでしょ（笑）。
工藤唯愛、八重樫美伊咲、木下藍の〝花の中2トリオ〟の活躍から目が離せない。

工藤唯愛フレーズ

『レッスンは厳しいけど、
素直に臨めば臨むほど、
きっとすべてが学びに繋がる』

誰よりも貪欲に、ときにはガツガツとして見えるほどに前向きにレッスンに臨む工藤唯愛。その気持ちの根底にあった想い。

『1日の中で、今日の自分と向き合う時間は絶対に必要なタイプです』

その日の課題はその日のうちに解消しておきたい。人前に立つアイドルだからこそ、遊びに費やす時間よりも自分と向き合う時間が欲しい。

23人の僕が見たかった青空たち

2nd Chapter

僕青について考える

Group episodes

テレビ初出演で見せた〝彼女たちの素顔〟

乃木坂46の公式ライバル『僕が見たかった青空』がCDデビュー1ヶ月半前の7月12日、フジテレビ系『FNS歌謡祭 夏』で記念すべきテレビ初出演および初生放送出演を果たした。

「彼女たちが画面に現れる直前には乃木坂46の公式ライバルであることとメンバー発表記者会見の一部が紹介VTRとして流され、芝・増上寺（増上寺特設ステージ）からの、こちらも初となる生中継で登場。アウトロ（後奏）の途中に永島（優美）アナの呼びかけが被るオンエア上のアクシデントはありましたが、初出演とは思えないほど堂々としていて、さすが現代っ子は物怖じしないんだなと感心させられました」

こう語るのはリアルタイムでテレビを視聴していた人気放送作家氏だが、本人たちの様子はどうだったのだろう?

当日、増上寺からの中継に立ち合ったスタッフ氏はこう証言する。

「セッティングやリハーサル含め、18時台の出演にも関わらず、メンバーは午前中には現場に入っていました。やはりすべてが物珍しいのか、初々しくセッティングの様子を見学しながら、ときおり驚きの声を上げてましたね」

メンバーは増上寺の背後にそびえる東京タワーを見上げながら――

『上まで昇ってみたい』

――などとも口にしていたそうだ。

「夏場の野外なので、一応控え室は近隣の東京プリンスホテルに用意していました。熱中症はもちろんのこと、虫刺されの心配もありますからね。中には増上寺のような大寺院を初めて訪れたメンバーもいたようで、境内を興味深そうに歩き回るメンバーもいましたね」(中継スタッフ)

この夜の増上寺特設ステージ中継には僕青の他にDA PUMP、FANTASTICS、日向坂46、20th Century、Travis Japanらが登場。通常、スタジオ外からの中継は同じ場所に複数、それも3組を超えるアーティストが集まることは珍しく、僕青メンバーは豪華な先輩方に囲まれ、芸能界に入ったことを改めて強く認識したのではないだろうか。

「特に印象的だったのは、日向坂46の僕青に対する態度でした」(同中継スタッフ)

これは何やらキナ臭い雰囲気……?

「僕青にとってはどのアーティストも基本的には〝先輩〟ですから、日向坂46のもとにも全員で挨拶に行きました。そのときはまわりにたくさんの関係者や番組スタッフがいたので、日向坂メンバーもニコニコと対応していました。ところがその後、個々のメンバーがそれぞれ個別に話しかけにいくと、ほとんどの日向坂メンバーは僕青メンバーを無視したのです」(同前)

僕青は乃木坂46の公式ライバルとして募集、1期生メンバーが発表されたが、濃い目のアイドルヲタクたちの間では、

「イメージカラーや衣裳の雰囲気、メンバーのルックスも、乃木坂46というよりは日向坂46を意識した作り。裏テーマとして、本当は日向坂46をライバル視しているんじゃない?」

——と噂されていたそうだ。

その噂が日向坂46メンバーの耳に入っている、あるいは日向坂メンバーも「見ればわかる」と感じていたのではないだろうか?

コロナ禍以降、直接的な握手会はいまだ壊滅状態にあるものの、坂道シリーズはコロナ禍の間から積極的にオンラインでのお話し会、通称ミーグリ（ミート&グリード）を行っている。ファンから「何か新しい乃木坂のライバルって、日向坂に似てるよね」などと言われていてもおかしくはない。

それらの要因が重なり、「自分たちのライバルと口をきく必要はない」と無視していたのではないだろうか。

「確かにそれはあり得ますね。しかしもしそうだとしたら、日向坂メンバーには相当な危機感というか、焦りがある証拠でしょうね。かつてAKB48は自分たちの全盛期に発足した乃木坂46について、〝公式ライバル〟と言われても歯牙にもかけないというか、余裕で〝新しい妹グループ〟的な接し方をしていました。それに対し、最初から〝姉妹グループ〟として発足したSKE48に対しては、『何でわざわざ新しいグループを作るの?』『妹じゃなくて完全にライバルじゃん』――と拒否反応が凄かったと聞いています。それらはすべて、メンバーの焦りがさせたこと。日向坂46から見れば、僕青は縁もゆかりもない新しいアイドルグループにすぎないはず。でも今は自分たちに余裕がないから、一方的に敵視せざるを得ないのでしょう」（前出人気放送作家）

そんな僕青が初披露したデビュー曲『青空について考える』。

増上寺特設ステージからの生中継の評判もよかったと聞いている。

「リハーサルから本番までの間、センターの八木仁愛ちゃんが、ずっと『13歳から21歳までの幅広い年代の子が揃っているグループなんですけど年齢差はあまり感じませんし、気にせずみんなでわちゃわちゃ楽しくやっていて、23人で新しい青春を送っている気分です』——と、中継で振られたときのセリフを練習していたんです。四つとか八つに折り畳んだメモを開きながら。その初々しさはめちゃめちゃ〝いいモン見させてもらいました〟みたいな気分でしたね」（前出中継スタッフ）

SNS上では少々大げさ感もあったものの、「鳥肌と感動が同時に来た」「結成1ヶ月とは思えない。努力しまくったんだろうな～って簡単に想像できる」「歌唱、振付、笑顔。驚くほどの完成度なのに、あの初々しさが眩しかった」「まだ色がついてないから楽しみしかない」などの声が上がっていた。

さらに今年7月22日に開幕したフジテレビ開局65周年記念『お台場冒険王2023』のテーマソングに『青空について考える』が採用されるなど、バックアップ体制も万全。

「所属のエイベックスは紅白（歌合戦）のキャスティングにも強いので、デビュー年の紅白出場も十分にあり得ますね」（前出人気放送作家）

満を持して8月30日にデビューを迎える〝僕青〟の未来は、まさにグループ名のように〝青く晴れ渡っている〟——。

デビュー曲の序列と今後

デビュー曲『青空について考える』の歌割りやダンスフォーメーション、結成記者会見で発表された初代センター、個別インタビューを受けた中心メンバーを考えると、このデビュー曲に限った序列は次のようになっている。

八木仁愛（センター）
早﨑すずき
柳堀花怜
吉本此那
杉浦英恋
安納蒼衣
今井優希
八重樫美伊咲
工藤唯愛

『僕が見たかった青空』は頻繁にポジションチェンジが行われるので、残る14名はそこまで明確には分かれていない。

五十音順に並び替えてみよう。

青木宙帆
秋田莉杏
伊藤ゆず
岩本理瑚
金澤亜美
木下藍
塩釜菜那
須永心海
西森杏弥
萩原心花
長谷川稀未
宮腰友里亜
持永真奈
山口結杏

「今の坂道シリーズは冠番組で選抜メンバーを発表して、選抜と非選抜（アンダー）という大きな括りに二分しています。そして選抜は選抜で、フォーメーションの立ち位置ごとに番号順で明確な序列をつける。もちろん48グループや他のアイドルグループにもポジション別に立ち位置の番号がつきますが、坂道シリーズのように誰が何番といったように公表はしていません。乃木坂46などはさらにそこに1列目、2列目を〝福神〟と命名して特別感を演出しています。しかしメジャーデビュー時点で16人の選抜メンバー（※当時は16名の人数固定、後にメンバーが増えすぎて20名以上に膨らんでいく）以上のメンバーがいたAKB48はともかく、48グループも坂道シリーズも2期生以降が入ってくるまでは全員（1期生）選抜が基本。そしてどのグループのメンバーに聞いても、『**絶対に全員選抜のほうがいい**』――と口を揃えて言っています」（アイドル月刊誌ライター）

今のところ僕青に「2期生募集」の動きはないし、2ndシングル以降、少人数の選抜メンバーでシングル表題曲を歌うプランもない。

だからこそ23名全員が一つのチームとして「みんなで八木ちゃん（センター）を支える」気持ちにまとまっているし、その八木仁愛を含めた全員が――

『僕青は23人で一つ』

――と、口癖のように発しているのだ。

「あの欅坂46が崩壊した理由も、シングル選抜にひらがなけやきのメンバーや2期生を加えようとしたところ、最後の最後まで絶対的センターの平手友梨奈が反対し、結局は平手の脱退、グループ名の変更へと繋がってしまったのです。グループアイドルの1期生はグループ立ち上げからの同志感が強く、今後もし僕青に2期生以降が加わった場合、選抜から落とされる1期生をどうケアするのか?……にかかっているのは間違いありません」（同アイドル月刊誌ライター）

芸能界は競争社会だ。だから本質的に「全員平等に全員選抜」などと甘っちょろいことを言っていて「この先、大丈夫? 通用する?」と心配するファンや業界人も多いが、何でもかんでも「平等」を求める風潮は競争社会の芸能界にも波及。

とはいえ冒頭のプロフィールでも触れているように、ユーチューブやティックトックで発信された個人プロフィール映像の再生回数は、どうしてもメンバー個々の人気差、注目度に大きな差がついてしまう。

・プールサイドで仲間とダンスの練習に励んだ杉浦英恋。
・部活を終えたあと、駅のベンチで友達と過ごした早﨑すずき。
・幼い頃からクラシックバレエを習っていた八重樫美伊咲。
・学校帰り、バスに乗り遅れないように校門からバス停まで友達と走った長谷川稀未。
・服飾と向き合い、衣装制作やモデルにも挑戦した伊藤ゆず。
・水泳部のマネージャーとして仲間を応援していた柳堀花怜。
・文化祭に備え、学校の屋上で友達とダンスの練習をしていた持永真奈。
・部活の帰り道、頑張った分だけ友達と食べ歩いた山口結杏。
・大切な親友と交換日記を交わし続けた安納蒼衣。
・家族との約束を胸に、登校前にみんなのお弁当を作っていた須永心海。

・いつも失敗してしまうクッキー作りやおばあちゃんと行った銭湯、家族や友達との他愛もない日々が青春だった萩原心花。
・土木女子としてヘルメットを被りながら、実習や勉強を重ねた西森杏弥。
・テニス部の秘密兵器といわれていたが、一番注目されたのは特技の「バク転」だった岩本理瑚。
・動物が大好きで、犬と遊んでいるときは自然体でいられた金澤亜美。
・「オーボエ顔だね」と先生に言われて始めたオーボエを、友達と一緒に練習した工藤唯愛。
・地元の海沿いを友達と話しながら歩いたり、サッカーボールを追いかけていた青木宙帆。
・長距離を自転車で毎日通学して、自分を追い込んでいた宮腰友里亜。
・誕生日が7月7日で名前が「ナナ」。毎年、七夕は特別な日だと明かす塩釜菜那。
・社会福祉を学ぶために留学する夢を抱いていた今井優希。
・空手の練習に打ち込みながら、友達と一緒に楽しく話しているときが一番の青春だった秋田莉杏。
・図書室で友達と一緒にテスト勉強をしている時間が好きだった木下藍。
・通学路の畦道で音楽を聴きながら歌ったり踊ったりしていた吉本此那。

――以上が個人プロフィール動画の概要だが、23名それぞれのキャラクターがよく表れていた。

さて最初につけられたこの序列が、2ndシングル以降はどう変わっていくのか?

人気だけなら早﨑すずきが頭一つ抜けているが、これまでの秋元康氏は最初に決めたセンターをアッサリと変えたことはなかったので、しばらくは八木センターを維持するのか?

またエイベックスサイドの中には柳堀花怜や吉本此那を強烈に推すグループもいると聞く。

答えが出るのは少し先になるだろうが、この僕青には従来のアイドルグループの常識やセオリーを覆しながら前に進んで欲しい!

——そう願いたくなる。

〝メンバーパーソナルカラー〟に隠されたメッセージ

２０２３年8月30日のＣＤデビューに先駆け、7月11日からデビューシングル『青空について考える』の先行配信が開始された僕青。
また同日にはデビューシングル初回限定盤特典のひとつ、アクリルスタンド撮影の舞台裏を公開。翌日の7月12日にはすでにお話ししているようにフジテレビ系『ＦＮＳ歌謡祭２０２３ 夏』に生出演し、その直後にデビュー曲のミュージックビデオが公開。さらに7月18日には「イエベ春」チーム合宿の模様が公開された。

「今回、エイベックスが仕掛けた僕青の〝表戦略〟にあるのが、23名のメンバーを4パターンの〝パーソナルカラー〟に分けている点です。それが〝イエベ春〟〝イエベ秋〟〝ブルベ夏〟〝ブルベ冬〟の4パターンです」（人気放送作家）

イエベとは「イエローベース」。

ブルベとは「ブルーベース」のこと。

少々ファッションに疎い方は、まず「パーソナルカラーとはなんぞや?」と思われていることだろう。

パーソナルカラーのルーツは意外に古く、1920年代の色彩理論がもとになっている。

「自然界の色はすべてブルーベース(ブルベ)とイエローベース(イエベ)に分けられ、同じグループの色は調和する」

「自然界の四季の中にすべての色彩の源があり、調和する」

——という理論から、自分に似合う色を見つける「パーソナルカラー診断」も生まれた。

「似合う色」の化粧や服装を身につけると顔色が良く活き活きとした表情に見え、「似合わない色」を身につけると顔色が悪く元気がなく疲れた印象に見えてしまうのだ。

これは人間の目の色彩認識機能と、それによる感情変化の傾向を研究し得られた心理学的な理論として、日本でも広く支持されている。

「そもそも少人数、せいぜい7人編成までのアイドルグループでは、運営がメンバー個々に〝イメージカラー〟を決めていることが普通で、それは衣裳の色合いに反映されています。基本、センターは〝赤〟がイメージカラーになりますが、これはテレビの戦隊ヒーローから来ている。ただし48グループ、坂道シリーズのような大人数グループは、個々のイメージカラーを決められるほど色の種類がない。そこでメンバーを応援するとき、ペンライトカラーの組み合わせを個々に設定しています。これはステージ上のメンバーから見ると〝自分のファンを見つけやすい〟大きなアドバンテージになるので、ファンも積極的に〝推しカラー〟のペンライトを振っています。また各アイドル運営もメンバー発信の推しカラーを公認しているので、グッズの〝推しペンライト〟も新商品が出るたびに発光色を増やしています。今は12色カラー（一例　1：YELLOW　2：PINK　3：BLUE　4：WHITE　5：RED　6：ORANGE　7：PURPLE　8：GREEN　9：VIOLET　10：LIGHT PINK　11：LIGHT BLUE　12：LIGHT GREEN）のペンライトが普通ですから、1本持ちないし2本持ちかも含め、12色のペンライトが2本あれば90パターン（12＋78）まで対応できる。現在90人ものメンバーを抱えるアイドルグループはいないので、推しペンライトが被ることもありません」（同人気放送作家）

推しペンライトカラーの話はさておき、僕青運営が「パーソナルカラー」を採用した裏には、運営やファンが一方的にイメージカラーを選ぶ、これまでのアイドルグループとは一線を画した戦略が見え隠れする。

「パーソナルカラーとは肌や瞳、唇など、その人が生まれ持った色や雰囲気に調和する色のことです。大きくイエローベースとブルーベースに分かれ、そこに季節を合わせたイエベ春・イエベ秋・ブルベ夏・ブルベ冬の4種類に分類されている。ただし本人が元来備えている色であることから、運営側の都合で振り分けることができずに見事に偏ってしまった。それでもそのままのパーソナルカラーを採用したところに、エイベックスの〝表戦略〟があるのです」（同前）

【メンバーパーソナルカラー】

青木宙帆　ブルベ夏
秋田莉杏　ブルベ夏
安納蒼衣　イエベ春
伊藤ゆず　ブルベ夏
今井優希　ブルベ冬
岩本理瑚　ブルベ夏
金澤亜美　イエベ春
木下　藍　ブルベ冬
工藤唯愛　ブルベ冬
塩釜菜那　イエベ春
杉浦英恋　イエベ春
須永心海　ブルベ夏
西森杏弥　イエベ春

萩原心花　ブルベ冬
長谷川稀未　イエベ春
早﨑すずき　ブルベ夏
宮腰友里亜　ブルベ冬
持永真奈　ブルベ夏
八重樫美伊咲　ブルベ冬
八木仁愛　イエベ春
柳堀花怜　イエベ秋
山口結杏　ブルベ夏
吉本此那　ブルベ夏

まず全23名中、イエベが8名でブルベが15名。しかも季節を考慮するとイエベ秋は柳堀花怜ただ一人になってしまい、イエベ春7名、ブルベ夏が9名、ブルベ冬6名。

「こうなると今後何らかのグループ分けに応用するのは難しそう。同時にこのパーソナルカラーをどう活かしていくのか、興味深いところですね」(同前)

あえてメンバー個々に特定の色をつけない戦略がどう出るのか？

そこには運営からファンへの――

「皆さんでメンバー個々に〝色〟をつけてあげて欲しい」

――のメッセージが込められているのだ。

滝沢秀明氏の快進撃がもたらす〝僕青の将来〟

この夏、芸能界を最もアツくしたアイドルニュースといえば、女性アイドルはもちろん『僕青』。そして男性アイドルは滝沢秀明氏が率いる芸能プロダクション『TOBE』の、掟破りともいうべき快進撃である。

「確かに昭和、いや平成の芸能界では許されない、事実上の〝引き抜き〟行為。元V6の三宅健、元King & Princeの平野紫耀と神宮寺勇太。元ジャニーズJr.のIMPACTorsの計10名の所属を発表。今後、元Kis-My-Ft2の北山宏光、元King & Princeの岸優太が合流することも確実視されていて、さらに元King & Princeの岩橋玄樹、退所予定の元ジャニーズJr.数名が合流する話も聞いています」(テレビ朝日ディレクター)

ＴＯＢＥに近い関係者によると、滝沢氏はジャニーズJr.を預かるジャニーズアイランド社社長とジャニーズ事務所副社長を兼務していたにも関わらず、肝心の「ジャニーズJr.のデビュー」に関する裁量権は与えられておらず、ＩＭＰＡＣＴｏｒｓなど自身がプロデュースするグループのデビューはほぼ不可能に近かったという。

「もともとジャニーさんが病床で〝Ｓｎｏｗ ＭａｎとＳｉｘＴＯＮＥＳのデビューを許可した〟エピソードは滝沢氏の虚言に近く、ジュリー景子社長と（存命中の）メリー喜多川副会長が激怒。それ以来、デビュー以外の裁量権もほぼ剥奪されたことで滝沢氏は退任、退社を決意したそうです。だからジャニーズ事務所を辞めたタレントが彼のもとに集まるのは〝話ができていた〟と受け止められても仕方がない」（同テレビ朝日ディレクター）

さて、一見『僕が見たかった青空』には無関係に見える〝滝沢秀明ＶＳジャニーズ事務所〟だが、実は滝沢氏とａｖｅｘが裏でガッチリと手を組んでいて、滝沢氏が男性アイドル界の常識を次々と打ち破ることで「女性アイドル界の風通しも良くなる」のが、ａｖｅｘの裏戦略の一つだという。

「僕青が出た『FNS歌謡祭』はじめ、民放各局の〝夏の音楽特番〟が去年までとは明らかに違うのは、ジャニーズ系アイドルの出演率の低下。もっというと低下というより、他事務所の男性アイドルやボーイズグループの出演率が顕著に上がっていることです。これは例のジャニーズ性加害問題の影響ではなく、今の現場がジャニーズに従わなくなったことが原因。滝沢氏は数年前からこの現状を読んでいて、ジャニーズに従わなくなった層の現場スタッフを取り込んでいった。avexは滝沢氏が音楽番組の常識を覆すほうに賭け、全面的にバックアップしているのです」(同前)

avexはavexで、Snow Manの〝恨み〟があるらしい。

「Snow Manはどこのレコード会社も受け入れに及び腰で、最終的にavexが〝タッキー&翼はウチの所属だったから〟の縁で、Snow Manのために頭を下げる滝沢氏の顔を立てた。ところがそのSnow Manがバカ売れした途端、ジャニーズ事務所が合同でのレコード会社設立を要求。応じない場合はSnow Manの引き上げをチラつかせてきたそうです。avexは表立ってジャニーズ事務所とは喧嘩はできないが、裏で滝沢氏の支援に回っている」(同前)

ではなぜ、ジャニーズ事務所の神通力がテレビの現場スタッフに通じなくなってきたのか。

「ジャニーズと強い繋がりを持ち、現場を指揮する立場に立てるテレビサイドの人間たちが、ここ数年でゴッソリと定年を迎えているからです。現場がジャニーズを恐れて動けなかったのは、上司の意向に背けなかったから。本当にジャニーズに食い込み、様々な優遇を受けていた世代は、ジャニーズがたのきんトリオで息を吹き返した1980年代の初めから90年代にかけ、テレビの最前線にいたスタッフや幹部局員たち。その時代に最も若い世代として頑張っていたテレビマンたちも現在は60代半ばで、とっくに定年退職している。つまり今の現場や幹部たちは、ジャニーズに優遇された世代ではないので弱みを握られていない。優遇といっても80年代後半、チケットをまったく入手できなかった少年隊ミュージカルのチケットを用意してもらえたり、アークヒルズの合宿所を閉鎖して改装したマスコミ接待用のリビングに招かれ、高級ワインやステーキを振る舞われた程度ですが。しかしそこに誘われて参加するということは、自らがジャニーズ派閥に入ることを意味しています。そうした繋がりを持ったテレビマンたちが定年退職し、2代目として〝虎の威を借る狐〟だったジュリー景子氏がいくら号令をかけても、テレビの現場はそう易々とは従いはしません」（同前）

その点、タレントを辞めて裏方に回った滝沢氏は、背広姿でコツコツと各局の若い（ジャニーズから直接的な恩恵を受けていない）世代の局員中心に挨拶回りをして、関係性を深めていった。

その成果がここに来て一気に出ようとしているのだ。

「現場にとっては〝滝沢氏＝ａｖｅｘ〟ですから、滝沢氏が力を持てば持つほどａｖｅｘの存在感も大きくなる。そうなると坂道シリーズの影響下でも僕青の売り込みは容易い」（同前）

なるほど。滝沢氏の今後の動向が僕青の今後の戦略にも影響するというわけか。

ならば今の滝沢氏の勢いから見ても、僕青の将来は極めて明るいといえるだろう。

あとは彼女たち自身の実力次第。

きっと僕青23人のメンバーたちは、今までに見たことがないほど素晴らしく澄みきった〝青空〟を見せてくれることだろう――。

3rd Chapter

23人の青空たち

—Part 2—

Members episodes

僕が見たかった青空

青木宙帆が発揮する〝ドリブル突破力〟

私は本書のプロローグに、以下の一文と証言を掲載している。

【今回、エイベックスの本気をヒシヒシと感じるのは、お披露目から1ヶ月が経っても、メンバーのスキャンダルがまったく露見しないところだろう。かなり入念に、そして細部まで〝身体検査〟を済ませたに違いない】

このプロローグを入稿した1ヶ月後、つまりお披露目から2ヶ月が経とうとしている8月初旬、僕青メンバーの露出が徐々に増えつつある中でも、変わらずメンバーたちのネガティブな過去が掘り起こされることはなかった。

しかし中で一人、高校時代の署名活動が地元新聞に報じられた過去が露見したメンバーがいる。

沖縄県出身、メンバー23名の中で最も低身長（150㎝）の青木宙帆だ。

「2003年6月生まれで現在20才の青木宙帆は、3年前、高校2年生のときに署名活動を行い、地元・沖縄県の八重山日報に名前が報じられています。といっても政治的な署名活動ではなく、国立天文台が全国4ヶ所に設置した電波望遠鏡〝VERA観測局〟の運用継続を嘆願する署名活動で、当時石垣島・八重山高校に通っていた青木が、同じ高校の有志とともにVERA石垣島観測局の運用継続を訴える署名活動でした」(アイドルライター)

当時の八重山日報によると、青木宙帆は署名に賛同してくれた市民に感謝しながら――

『活動を通して、VERAの存在を知ってもらい、宇宙にも興味を持ってもらえる機会にもなった。活動を始めた当初はこんなにも多くの方に協力してもらえるとは思ってもいなかった』

――と話し、結果的には石垣島の中央部、名蔵ダム近くにある国立天文台VERA石垣島観測局は、署名活動が実って今も運用中。内部の見学は年に1回しかできないようだが、口径20mのパラボラアンテナはまさに壮大な迫力。

もともと石垣島は日本初の〝星空保護区〟に指定されるほど夜空が綺麗に見える地域。天文台周辺での星空観測は、石垣島観光でも人気のツアーと聞いている。

高校2年生の青木宙帆が有志の仲間と偉業を成し遂げたと知り、真っ先に思い出したのが、結成記者会見でのひとコマだ。

23名全員が自身のアピールポイントをフリップに書き記して掲げたのだが、青木のそこには——

『ドリブル突破力』

——と書かれていたのだ。

確かに青木は小学生の頃からサッカーをしていて、ドイツ・ブンデスリーガの超名門クラブ・FCバイエルンミュンヘンのサポーター。

また2015年には当時の「U - 22日本代表」手倉森誠監督が石垣島でサッカー教室を開催したとき、「青木宙帆」の名前も参加者名簿に記されていたと聞く。

そういった経験が言わせたアピールポイントが『ドリブル突破力』で、それを芸能界でも発揮したい——という意味かと思っていたが、すでにその突破力は国立天文台VERA石垣島観測局の運用継続署名で結果を出していたのだ。

『私は体が小さいし、6才下の最年少〝中2トリオ〟には、
入ったときから（身長を）抜かされている。
でもこれまでの経験から、
〝どんな壁でもその気になればよじ登れる〟ことを知ってるから、
背の低さなんて全然気にならない（笑）』〈青木宙帆〉

またギョーカイでは、センターを務める八木仁愛を筆頭に、八重樫美伊咲、杉浦英恋、須永心海、萩原心花、青木宙帆、山口結杏などなど、アイドルグループの中で「最もキラキラネームが多い」グループとして認識されているが、宇宙の「宙」の文字を名前に持つ青木宙帆が「石垣島の満天の星の下で育った」と聞かされ、羨ましく思わないメンバーなどいないだろう。

自身が掲げたアピールポイント通り、持ち前の『ドリブル突破力』で女性アイドル界の頂点まで一気に上り詰めて欲しい。

青木宙帆フレーズ

『こう見えて私は諦めが悪いので、
トライするチャンスには何度もチャレンジしていきたい。
もしそのチャレンジが簡単には実らなくても、
トライした数や中身の濃さが、将来的には実る気がするんですよね』

人生は一度しかないからこそ、チャレンジしない選択肢は自分にはない。
青木宙帆の強い意志が見える。

『僕青のメンバーになったあの日から、
私は仲間（メンバー）に信頼される人間を目指しているんです』

どこのポジションを与えられようとも、メンバーから「あそこには宙帆がいるから大丈夫」と信頼されるようになりたい。

〝メンバーの精神的支柱〟秋田莉杏

個人紹介ショート動画をはじめ、秋田莉杏に関する動画やニュースで必ず取り沙汰されるのが〝空手〟だ。

「僕青のお披露目でも少し披露していましたが、4才から空手をやっている秋田はもちろん黒帯。彼女は兵庫県尼崎市出身ですが、なぜか関西出身のアイドルにはガチ系の空手経験者が多く、大阪を地盤にするNMB48には過去も現在もガチ系の空手経験者が在籍しています」（スポーツ紙芸能デスク）

秋田莉杏の出身地の兵庫県尼崎市は、あの「ダウンタウン」の出身地としても広く知られている。

「僕青のメンバーに秋田莉杏がいることを知った尼崎出身の某雑誌モデルが、これでようやく〝尼崎出身がバカにされずに済む〟〝やっとまともな美人が現れた〟なんて大喜びしていた……と、ウチの社の若い芸能記者から聞かされました（笑）。何でも秋田莉杏は〝日本一かわいい中学生〟を決める『JCミスコン2022』のグランプリで、僕青の発表会見の少し前には『TGC teen ICHINOSEKI 2023』でランウェイデビューも果たしているそうです」（同スポーツ紙芸能デスク）

去年のコンテストはまだコロナ禍だったので、大きな話題にはなっていなかったのだ。それゆえ残念ながらデビュー曲では前列組に抜擢されることはなかったが、秋田の今後に期待する声は多い。

「目鼻立ちのハッキリした、雑誌モデル向きの美人顔には違いありません。アイドルヲタクに人気が出るかどうかといわれると、握手会の対応も重要なので何ともいえませんが……。でもメンバー23名が並んだときにパッと目を引くのは間違いないので、一般人気はかなり高いメンバーになるでしょうね」（人気放送作家）

『何かイメージで〝気が強そう〟とか〝ヲタク嫌いそう〟とか言われますけど、全然そんなことないですし、幅広い年齢層や趣味の方に応援してもらいたいですね。

私が〝JCコンテストを受けたい！〟と思ったのは、

ずっと空手をやってきて自立心が強くなったというか、

空手は基本的に個人競技だし、

ずっと自分のやること、やりたいことは、

〝個人でできるかどうか〟をベースで考えていただけの話です』

そう話す秋田莉杏だが、野球はチームスポーツだし、中学校では吹奏楽部に所属していたほどだから、みんなで気持ちを合わせることが苦手なわけでもない。

『デビュー曲をいただいて、まず目に飛び込んできた歌詞を読むと、あれもこれも共感できる内容ばかりで嬉しくなりました。
メンバーのみんなも言ってると思いますが、
歌詞に背中を押されたのは初めての経験。
だから僕青のメンバーだけで味わうんじゃなく、
一人でも多くの方にこの歌を味わって欲しい。
噛んで噛んで〝もう味がしなくなったかな?〟と思ったら、
また次の味がやって来ますから（笑）』

そんな秋田莉杏は〝男らしい（?）〟性格で、メンバーの精神的支柱の1人になっているとも聞く。
僕青を牽引するメンバーとして活躍してくれることに期待しよう――。

秋田莉杏フレーズ

『ずっと空手をやってきたから、
自分を伸ばす、向上させてくれるのは〝ライバルの存在〟だと思ってます。
でも僕青の私にとってのライバルは、
もちろんメンバーじゃなくて乃木坂46さん』

秋田莉杏は「ライバルは強ければ強いほど楽しい」——と笑う。

『今は毎日が本当にワクワクで楽しすぎる。
だからこそ一つ一つの準備をしっかりとやる。
ケガをしないように、目標を叶えられるように』

こちらもいかにも武道をたしなんでいる秋田莉杏らしいセリフ。

〝諦めの悪さ〟を武器にする最年長・伊藤ゆず

僕青メンバー23名の中で最も身長が高い170㎝、2001年8月11日生まれで22才になったばかりの最年長・伊藤ゆず。

「デビュー時点での最年少は2010年3月5日生まれの八重樫美伊咲で13才。伊藤には大きなハンディになりますが、満年令だけでいえばデビュー時点で9才の年の差がある。年令順でいえば名前の〝菜那〟通り「七夕」7月7日生まれの塩釜菜那が1才年下の21才ですね」(フジテレビ関係者)

服飾系の大学に通い、本人はデザインや製作を志しているものの、その身長の高さから校内ではもっぱら〝モデル役〟として有名らしい。

「本人が公に発言していないので〝噂〟レベルだとしておきますが、〝高校生の頃には地下アイドルとして活動していたのでは?〟……と言われています。もっともそれが今後の障害になったり、オーディションの参加条件に明らかに抵触しているわけではありません。女性ファン、いわゆる〝女ヲタ〟はモデル系のメンバーにつくので、本格的にデビューしてからが楽しみですね」(同フジテレビ関係者)

そんな伊藤は7月12日にデビュー出演した『FNS歌謡祭』の現場で、〝目から鱗〟の貴重な体験をしたそうだ。

『私たちは番組のスタッフさんから名刺をいただくわけじゃないから、
どんな役職の方かわからないんですけど、
リハーサルが終わったあとでメンバーと休憩していたら、
「せっかく背が高いんだから、もっと胸張って姿勢良くしたほうがいいよ」
――って声をかけてくださった方がいたんです。
私、レッスン合宿中から自分の姿勢が気になって、
猫背にならないように気をつけていたんですけど、
その方に「ワザとらしいぐらいに胸を張ったほうがいい」――ってアドバイスをいただいて』

それは〝長身アイドルあるある〟だね。

『そうしたらいきなり、
「伊藤ゆずちゃんだよね。最年長は旬が短いから頑張らないと」――って、
結構失礼なことを言われたんです。
でも不思議と嫌味ではなかったんです。
そうしたら次に「ゆずの短所はどこ!?」――って、
いきなり呼び捨てにされてビックリして、
その勢いで「諦めが悪いんだよね～」って、
私も友達にしゃべるみたいに答えちゃったんですよ（笑）』

ちなみに相手は女性スタッフ。見た目、〝お母さん〟ぐらいの。

『そうしたらめっちゃ笑いだして、「それサイコーじゃん！」とか言うんです。
さすがに私もムッとしちゃったら、
「だってそれが長所に変わったら、ゆず最強じゃん!!」――って、
一瞬にして目から鱗が落ちました』

長所と短所は何らかのきっかけで簡単に入れ替わるもの。

昨日まで自分の長所だと思っていた部分が、今日は最大の弱点になる。

伊藤ゆずが自分の短所に挙げた『諦めが悪いところ』が長所になれば、諦めが悪いではなく「諦めずに食らいつく」に変換されるのだ。

そして伊藤が『何で長所聞かないんですか？』と尋ねると、そのスタッフはこう答えたそうだ。

「本人が長所と思ってアピールしている時点で、その部分は今後1ミリも伸びないから興味がない。だってゆずだって、自分が長所だと思ってる部分はそのままにしておくだろ？　どんな名刀だって磨かなきゃ錆びるんだよ」

『本当にもう、次から次に私の中にはない発想だったので、正直呆気に取られちゃいました。だからお礼も言えず、どこの部署の方かもわからないまま。

……けど、この活動をスタートさせて、最初の〝心の師〟ですね』

その日以降、伊藤ゆずはそれまで感じたことがないぐらい〝ポジティブな自分〟に出会い続けているという。

『確かに「自分の諦めの悪さを武器にしよう」と意識し始めたら、
自然とグイグイ前に出られるようになりました。
今の私を師匠が見たら、
「引くときはちゃんと引け」――とか怒られそうですけどね（笑）』

伊藤ゆずに突然現れた〝師匠〟。

どこの誰かわからない〝師匠〟の言葉を胸に、伊藤ゆずは〝諦めの悪さ〟を武器に突き進んでいく――。

伊藤ゆずフレーズ

『今の自分の姿は高校を卒業した3年前には想像もできなかったし、ぼんやりと想像していた「歌って踊れるデザイナー」の夢に少し近づいたかも（笑）。人生には何が起こるのかわからないし、どんな夢でも簡単に諦めるのはもったいない』

服飾系の学校に通っていた伊藤ゆずの夢、僕青のステージで叶えられる日が必ず来ると信じている。

『私たちには何の経験も知識もないけど、23人まとまれば〝知恵〟が生まれる。その知恵があれば、絶対に前に進める』

逆に経験や知識はあっても、知恵がなければ失敗が待っている。伊藤ゆずは僕青を引っ張る知恵のまとめ役。

岩本理瑚が明かした〝素直な想い〟

今回、僕が見たかった青空の1期生メンバーを見てみると、文系の特技を持ったメンバーが多いことに気づく。

中でもバレエやピアノなどクラシックの王道を〝10年以上〟や〝10年近く〟学んでいるメンバーは複数いるし、まだその実力のほどはベールに包まれてはいるものの、特技に「英会話」を挙げるメンバーも多い。

「一方の体育会系は、空手の有段者である秋田莉杏、小学生の頃は男子に混じってサッカーボールを追いかけた青木宙帆が目立ちますが、やはり個人紹介ショート動画で〝前方側転からのバック転〟コンビネーションを披露してくれた岩本理瑚が、運動神経、運動能力の点で一枚抜けています」

こう話すのは、僕青メンバーが初めてのテレビ出演を果たしたフジテレビ系『FNS歌謡祭夏2023』増上寺特設ステージ中継の女性スタッフ氏だ。

「僕青はメンバーが23人もいますが、事前に資料をもらっていても、現場入りしたときから顔と名前が一致したのは八木仁愛さん、柳堀花怜さん、吉本此那さんの3人だけでした。他のメンバーには顔や雰囲気が似てるメンバーが多く、名前入りのビブスを着ていなければ、たぶん何回も名前を間違えて嫌な思いをさせてしまっていたでしょうね」（中継女性スタッフ）

女性スタッフ氏は生放送の前日、ユーチューブで公開されている個人動画を入念にチェック。それでも先に挙げた3人以外、すぐには見分けがつかなかったそうだ。

そんな中、最も見分けがつかなかったメンバーこそ岩本理瑚だったと明かす。

「本人にも〝岩本さん？ 全然わからなかった〟と話しかけました。彼女も『よく言われるので、これからは一日中バック転してようかな』――と、笑ってリアクションしてましたけど」

そう言って笑う中継女性スタッフだが、実際に岩本と会った感想をこう明かす。

「あくまでも個人的な感想ですが、良い意味で裏切られました。それまでいくつかの動画で見ていた彼女は、いかにも快活なスポーツ少女で性格もやや攻撃性が強いというか、思ったことをそのまま口にしてしまう子だと感じていました。その裏表の無さが長所でもあるのですが、得てしてグループアイドルでは〝悪目立ち〟しそうなタイプ。ところが増上寺で実際に会った彼女は、エキゾチックでありながら清楚な雰囲気が漂う美少女で、性格もかなり控え目なタイプだったのです」

『完全に寝坊して集合時間ギリギリだったから、
現場に入る前にメイクとかヘアメイクをしてなかったんです。

普段は髪を後ろでまとめてないことも多いし、そのままでテレビに出たこともあります。

そんなときは別人と言われます。

自分としては全然変わらず自分の顔なんですけどね』

――そう言って事情を明かす岩本理瑚。

『でも髪型で「別人みたい」と言われるよりも、
歌や踊りのパフォーマンスで目立って「別人みたい」と言われたいですね。
私は自分でも運動神経が良いほうだと思っていたけど、
歌や踊りにはあまり役に立ってないから（笑）』

確かにこれからは歌や踊りに自分の長所を活かしていかねばならないだろう。

『ソロじゃなく塩釜菜那ちゃん、須永心海ちゃんと歌うパートが2番にあるんですけど、
そこは1番で柳堀花怜ちゃんが歌うパートなんですよ。
で、いつも歌いながら3人で柳堀花怜ちゃんのオーラに感動してるんですよ。
柳堀花怜ちゃんはセンターじゃないけど、
メインで歌うメンバーにはちゃんと理由がある。
私もその場所まで上がりたい』

素直に今の気持ちを明かした岩本理瑚。
その気持ちを忘れずに、ファンには次のサプライズを見せつけて欲しい。

岩本理瑚フレーズ

『ずっとテニスをやってて気づいたのは、
種を蒔かなきゃ芽は出ないし、芽が出ないと茎や葉にならない、
そして茎や葉がないと花が咲かないってこと。
花が咲くにはちゃんと順番があるんです』

現在、高校1年生の岩本理瑚だが、中学の部活を通して学んだ〝後輩の育て方〟から感じた真理。

『だって今の乃木坂46さんを倒す目的の公式ライバルだなんて、
単純に前例がないじゃないですか？
だから面白いな——って』

岩本はじめ、ＡＫＢの全盛期を知らず、〝アイドル＝乃木坂46〟のメンバーは多い。乃木坂46に対するリスペクトが大きいからこそのセリフ。

金澤亜美が秘める〝ヲタク受け要素〟

2023年6月15日（木）16時から行われた『乃木坂46 公式ライバル メンバー発表会』では、登場とともに3人のメンバーがインパクトを残した。

発表会ではオープニング映像のあと、グループのイメージカラー（青空色）衣装に身を包んだメンバーが一人ずつステージに呼び込まれたのだが、その際、登場順に木下藍、金澤亜美、須永心海の3人は嬉しさと緊張のせいで涙を流しながら登場。会場に集まったマスコミの中にも〝もらい泣きしそうになった〟者もいたそうだ。

「ほとんどのメンバーが堂々と、さらに爽やかで達成感に満ちた笑顔で登場していたので、3人に対しては〝今からそんなんで大丈夫か？〟……と、心配の声も上がってました」（スポーツ紙記者）

乃木坂46というアイドル界の〝巨鯨〟をライバルとするグループなのだから、「メンバー発表会で泣いているようでは先が思いやられる」との感想を持つ取材記者が多かったのも事実だ。

しかしなぜか3人の中で金澤亜美だけが、「泣いている姿が可愛い」と評判を上げたという。

「これはもうアイドルヲタク側の感覚としか言いようがありませんが、まず最年少組の木下藍は〝まだ子どもだから緊張して泣いても仕方がない〟と受け止められたようです。次に高校3年生組の須永心海は〝高3で進路を決める時期なのに芸能界に飛び込むほど憧れの世界だったんだな〜〟と、勝手に思い込まれていたようです。そして2007年の早生まれ（バレンタインデー生まれ）で高校2年生の金澤ですが、〝緊張しぃでおどおどしている姿が可愛い〟と、ヲタクの琴線に触れまくったと何人ものアイドルヲタクに聞きました」（同スポーツ紙記者）

それはあくまでも濃いアイドルヲタクの意見だろうが、金澤亜美は自ら顔を隠してインタビューを受けた（3次オーディション後の）ティックトック動画でも「顔が映らないのに絶対に可愛いのがわかる」と評判になるなど、ヲタク心を揺さぶる、ヲタク受けする要素は23名の中で1・2を争うのは間違いなさそうだ。

「さらにいうと金澤は公式ブログの面白さでもデビュー前から評判です。深夜に変なテンションでブログを書いていたり、言葉のチョイスも独特。また更新頻度も群を抜いて高いので、ヲタクに注目される要素をふんだんに兼ね備えています」（同前）

アイドルと公式ブログといえば、最近では公式ライバルの乃木坂46を筆頭に坂道シリーズでは〝卒業発表の場〟に使われてきたせいでイメージが良くないかもしれない。

しかし話は少々古くなるが、今のようにSNSが隆盛を誇る前、つまり10年ほど前までは新規ファン獲得のための重要なツールであり、またファンのみならず〝秋元康ゼネラルプロデューサーの目に留まる〟ためのアピールの場でもあったのだ。

「若いアイドルファンは知らないでしょうが、あの指原莉乃や宮脇咲良が秋元さんの目に留まるきっかけはブログやモバメでしたからね。指原はモバメを1日100回更新する迷惑なほどの企画力、宮脇は読み手を感動させる文章力と着眼点が秋元さんの目に留まり、一気にスターダムへと引き上げられた。そのときはまさか2人のヲタクファンでさえも、のちに指原が日本のバラエティ界を制覇し、宮脇咲良が〝世界のSAKURA〟になるとは想像もしていなかった。金澤亜美もブログの面白さが秋元さんの目に留まれば、〝歴史は繰り返す〟路線に乗れるかもしれませんよ。このデジタル時代にアナログなブログなんて……とバカにするファンの方もいらっしゃるかもしれませんが、秋元さんの発想では〝今の時代だからアナログが面白い〟になるに違いありません」(同前)

金澤は自らのブログに文章を書くのに長時間かかることを明かしているが、そういった努力を惜しまない者にスポットライトが当たって欲しい。

『亜美は第一印象から〝静か〟のひと言なんだけど、笑うときはめっちゃ笑うんですよ。

でもそれは心を開いた相手に対してで、基本はめっちゃ恥ずかしがり屋で人見知り。

ファンの皆さんもお話し会で亜美をめっちゃ笑かすことができたら大したものですね』

――金澤についてメンバー視点でそう話す吉本此那。

『自分が人見知りな分、
周囲のことはめっちゃ観察しているからかもしれないんですけど、
人の気持ちを自然と察することができますね。
表情や行動とか、細かいところの変化に気づいてあげられる。
「今、この人はこうして欲しいんだろうな」……って、
たまに先読みしすぎて不気味がられますけど（笑）』〈金澤亜美〉

恥ずかしがり屋で人見知りの金澤亜美は、普段の〝フニャフニャした〟行動からは想像できないが、体幹の強さにはメンバーも驚かされるという。

『バランスボールとか、途中で寝落ちしない限りは下に落ちません』

自信を持って話す金澤亜美だが、残念なのはその体幹の強さがあまりパフォーマンスに活かされていないところ。

しかし〝ヲタク受け要素〟はふんだんに持っているので、デビューしたあとが楽しみなメンバーの一人だ。

金澤亜美フレーズ

『レッスン中にNGを出しても、
「もう1回お願いします！」——と大声で言うことを心掛けてます』

NGを出していちいち落ち込んでいたら、誰にも相手にされなくなる。
金澤亜美が見せる「私はまだまだやれますよ」の意思表示。

『先に「将来は天下の大将軍になります！」——とか大口を叩いておいたほうが、
できないと恥ずかしいから頑張るタイプ（笑）』

「自分を追い込むためのテクニック」というか、金澤亜美の自分の高め方。
大人しそうに見える金澤の中に同居する〝芯の強さ〟。

〝最年少トリオ〟木下藍が掲げる目標と可能性

工藤唯愛、八重樫美伊咲とともに最年少世代（中学2年生）の木下藍。

年令では2010年3月5日の早生まれの八重樫美伊咲が最年少になるが、八重樫美伊咲と工藤唯愛は前列組で序列も8番手、9番手とシンメの関係。木下も中2トリオの一角ではあるが、グループの中でのポジションは大きく出遅れているのが、残念ながらデビュー時点での現状だ。

「10番手以降はそこまで明確ではないにせよ、木下は21番手から23番手のチームで、しかもそこでも長谷川稀未、持永真奈、山口結杏、木下藍の序列になるので、実質的には最下位になります。もちろんこれはあくまでもデビュー曲『青空について考える』1曲だけの話なので、2ndシングル、3rdシングルとグイグイ序列を上げる可能性も高いですが」（人気放送作家）

そこには木下の、ぶっちぎりの〝愛されキャラ〟が関係しているようだ。

「僕青は学年の上下でいえば2001年組から2009年組まで9世代も離れているのに、メンバーの仲の良さは近年のアイドルグループには見られないパターンです。ギョーカイ人の中には知ったかぶりで〝みんな1期生だから仲良くなるに決まってる。ライバルの先輩も後輩もいないんだから〟なんて言う人がいますが、48グループも坂道シリーズも1期生は1期生で主導権争いでバチバチでしたよ。唯一の例外は欅坂46のアンダーとして募集したひらがなけやき(現・日向坂46)ですが、厳密にいえば〝長濱ねる〟ありきで募集されたので、純粋な〝ファースト・オーディション〟で集まったメンバーがこれほどまでに仲が良いのは僕青だけ。そんな僕青メンバー23名の中で、ダントツに〝愛されている〟のが木下藍です」(同人気放送作家)

本来ならば同学年のトリオで高め合うところ、2人が前列に組み込まれているおかげで〝ぼっち〟になりかけていた木下藍。

そんな木下を最年長の伊藤ゆず以下、お姉さんメンバーが世話を焼いてくれているのだ。

『〝お姉さんメンバー〟って、私は最年少チームだからみんなお姉さん(笑)。
歌も踊りもみんなすっごく丁寧に教えてくれるんですよ。
美伊咲と唯愛とも気まずくないし、本当に私以外の22人には感謝しかないです』〈木下藍〉

しかしそれは木下藍自身、最年少組だからといって物怖じせず、自分から積極的にメンバーとコミュニケーションを図る姿が受け入れられているからでもある。

『メンバーは仲間なんだし、仲間のことをたくさん知りたいと思うのは当たり前。私は発表会で泣いてしまったり、個人紹介ショート動画で勉強キャラを演じてるから、みんな私のことを〝引っ込み思案で人見知り〟的に思い込んでるんだと思う』

まるで「本当の私は違うんだ!」とアピールするかのような木下藍。

実際には〝超〟がつくほど社交的で、22名のメンバー全員と仲が良く——

『お世話も、みんなが焼きたがるから焼かせてあげてるだけ(笑)』

——などと、おどけるほど。

『英語が得意だから、できれば中学2年の間に英検の準1級に合格して、
中学生の間か無理でも高校2年までには英検の1級を取りたい。
別に留学したいとかじゃないけど、僕青が海外でコンサートをやったときは、
現地のファンの皆さんと英語でコミュニケーションを取りたい。
それにお話し会にも英語圏の方が参加してくださるかもしれないし。
メンバーみんな、いろいろな特技を持ってるけど、私は英語で存在感を出していきたいと思う』

――意欲的な決意を語る木下藍。

『学校の勉強と英検の勉強は全然違うけど、
英検1級取ったあとも英語勉強は続けるつもりだし、
私は帰国子女じゃないけど、TOEICとかTOEFLで満点とか取ってみたいな』

まだ14才の彼女には可能性しか感じない。

木下藍フレーズ

『将来の自分をいろいろと想像して、
〝ああしたい〟〝こうしたい〟って考えるのが楽しい。
そう考えられるほど、今の自分が充実してるから』

デビュー直前の8月19日に14才の誕生日を迎えた木下藍。図書館好きの文系少女が描く、芸能界での夢。

『みんなはどうするか知らないけど、私はSNSでエゴサとかはしないつもり。
だって応援してくださる方以外の、文句や悪口を目にしたって意味ないもん』

いつの頃からかSNSは、悪意をぶつけられるツールになってしまった。「応援してくださる方以外の、文句や悪口を目にしたって意味ない」と、あえて目にしないのが木下藍の前向きな解決法。

塩釜菜那の〝誰もが癒される嫌味のない笑顔〟

これまでにも何回かご紹介したが、メンバーが演奏する楽器で吹奏楽が編成できそうな僕青。

ここでご紹介する塩釜菜那も、地元鹿児島県内では有数の吹奏楽〝強豪〟中学校の吹奏楽部に所属しており、担当楽器クラリネットのソロ演奏でコンテストに出場するほどの腕前を持っている。

「近隣の中学を含めて吹奏楽が盛んな地域のようですね」

こう話すのは『FNS歌謡祭』スタッフ氏。

塩釜菜那とは増上寺特設ステージからの中継の合間に話が盛り上がったらしい。

「最初のきっかけは忘れてしまいましたが、何かしらの雑談の延長でオーケストラがバックにつくスタジオ収録の話になったんです。彼女は興味深そうに〝生音、生歌で収録しているのか?〟的なことを聞いてきて、話しているうちに彼女が『吹奏楽部でクラリネットを吹いていた』ことを教えてくれたんです」（『FNS歌謡祭』スタッフ）

そこでスタッフ氏は塩釜菜那が鹿児島出身だとも聞かされ、「最近、鹿児島出身のアイドルって目立ってない？」と、塩釜に聞き直したそうだ。

「すると彼女の表情がパッと明るくなり、『そうなんですよ！ でも最近一番目立ってるのはアイドルじゃなく、女優の上白石萌音さんと上白石萌歌さん姉妹ですけどね』――と即答したんです。さらに続けて『アイドルでいえば、まずは大ベテランのＡＫＢ48・柏木由紀さん。もう32才とかですよね？ 地元の超有名人だから年令も知ってます（笑）。そして元ＨＫＴ48、元ＩＺ＊ＯＮＥで、今はＫ－ＰＯＰのＬＥ ＳＳＥＲＡＦＩＭで世界的なスターになった宮脇咲良さん。公式ライバル乃木坂46の元メンバー・大園桃子さん。大園桃子さんと名字は同じだけど、血縁でも何でもない櫻坂46の大園玲さん。そんな皆さんが地元でも鹿児島出身アイドルとして認知されてます』――と立て板に水でした」

（同スタッフ）

つまりはそういった〝アイドルを生み出す〟土壌が、塩釜菜那をオーディションへと導いてくれたのかもしれない。

そんな塩釜は地元のガソリンスタンドで〝ガチ〟バイトをしていたほどの、吹奏楽女子とは正反対の〝ガテン系女子〟の一面も持っている。

『確かに車を給油ポジに誘導できるアイドルは少ないとは思いますが、
そもそもバイトの数が少なかったからガソリンスタンドで働いただけで、
そこを目指していたわけじゃない（笑）。
そんな私が〝ガテン系〟なんて言われると、
本物の土木女子（西森杏弥）に怒られます』〈塩釜菜那〉

『菜那ちゃんの笑顔には人を癒す力がある。
何だろう？……子どもの頃に憧れた幼稚園の先生みたいな安心感がある（笑）。
私から見たら同期生の唯愛と藍を除けばみんなお姉さんだけど、
菜那ちゃんの笑顔で落ち着くことが何度もあった。
これって立派な才能だし、菜那ちゃんにしかできない』〈八重樫美伊咲〉

言われてみれば塩釜菜那の笑顔は、誰もが癒される嫌味のない笑顔。
その笑顔は彼女の最大の魅力に違いない。

塩釜菜那フレーズ

『中には絶対に「お前らに何ができるんだよ」って思ってる方もいると思うんです。だから私は、いい意味でその〝期待〟を裏切りたい』

僕青はやはり最初のハードル（乃木坂46公式ライバル）が高いだけに、反発も大きい。しかしそれは、23人全員が覚悟していること。

『いい意味でも悪い意味でも、私たちはスタートから注目されている。それを一過性のブームにしてしまわないように、いっつも23人全員で話し合ってる』

彼女たちのセリフには、頻繁に「23人全員で」を意味するフレーズが含まれる。年齢も、育ってきた環境も違うからこそ、その感覚は必要不可欠。

〝僕青の聖母候補No．1〟須永心海

「須永心海は早くもファンの間で〝僕青の聖母キャラ候補No．1〟などと呼ばれていますね。たぶん個人紹介ショート動画で妹さんにお弁当を作る再現シーンの表情が、いかにも優しいお姉さんに見えたこと。そして様々なメイキング動画での礼儀の正しさやしっかりと挨拶ができるシーンなど、性格の良さが垣間見えることも理由だと思います」

こう語る人気放送作家氏は、実は昨年、知人が制作に関わったCS放送のドラマに「須永が出演していたのではないか？」と語る。

「恋愛群像劇みたいな作品で、僕も流し見ただけでハッキリと覚えているわけではないのですが、個人紹介ショート動画の〝本人役〟のお芝居にセンスを感じたので検索してみたら、たまたま同姓同名の出演者を知人の作品に見つけたのです。〝須永〟の名字も〝心海〟の名前も決してありふれたものではありませんし、〝もしかしたら本人かな？〟と思っただけの話です」（人気放送作家）

「決してありふれたものではない」のレベルではなく、十二分に珍しい氏名だと思うが、しかし自らも脚本を書く同氏の目にショート動画が止まったのだから、須永心海には芝居の才能が隠されているのではないだろうか。もしそうなら、貴重な僕青〝役者班〟として芽を出して欲しい。

「須永はお披露目直後から地元の埼玉新聞に取り上げられ、地元民を〝応援したくなる〟気持ちにさせるメンバーの一人。本人は『真面目に頑張ることしかできない』——なんて控えめな性格ですけどね」（avexスタッフ）

実は〝埼玉県〟はメジャーアイドル輩出県として定評があり、たとえばAKB48には小嶋陽菜・渡辺麻友・島崎遥香・向井地美音（3代目総監督）などの元メンバーやメンバーがいて、言うまでもなく全員が〝シングル曲のセンター経験者〟だ。

「その他にも山ほどアイドルを輩出していますが、僕青では須永心海の他に安納蒼衣、長谷川稀未と計3名が埼玉県出身者。地元の埼玉新聞に取り上げられた際には、須永心海は『日本、そして世界から愛されるグループになりたい』——とコメントしています」（同avexスタッフ）

『正直なことを言うと、
「ちょっと大きなことを言いすぎたかな〜」とは思ってます（笑）。
でも口に出して言わないと願いは叶わないと思うし、
私は〝言霊〟的な勢いを信じたい。
そしていつも大きな声で挨拶をして、
まわりの皆さんへの感謝の気持ちを忘れずに活動していく。
それが私にできる〝最初の一歩〟』

――と語る須永心海。

『日本中から愛されるグループになるためにも、その気持ちと謙虚さは大切にしたい。
たまに〝謙虚＝控え目でネガティブ〟みたいな受け止め方をする人がいるけど、
ポジティブに活動してこその謙虚』

――とも。

『メンバーみんな、それぞれ個人的な夢や目標も持ってるけど、
だいたい共通して思ってるのは、
地元の観光大使や宣伝隊長みたいな、
〝イメージガール的な活動〟をしてみたいとは思ってますね。
私でいえば埼玉県になるんですけど、
いつか埼玉県の街に飾られるポスターや、
埼玉県にちなんだ何かしらのイメージガールになれるよう頑張りたい。
埼玉は芸能人もたくさん出てるから、ライバルもめっちゃ多いと思いますけど』

埼玉県民にすれば、何とも愛おしい須永心海の夢や目標だろう。

『私は年下の金澤亜美ちゃんや木下藍ちゃんと一緒に、
発表会では緊張しすぎて泣いちゃったんですけど、
あれから自分なりに〝強くなれた〟と思うし、
『FNS歌謡祭』とか家族で見ていた番組に出られるようになって思ってるのは、
不安や緊張を〝一生つき合う友達〟と思うようにして、
「友達なら怖くないし、私の味方になってくれるに違いない!」って、
発想の転換をすることを覚えました。
もちろんまだまだ緊張はするけど。
それに私は『青空について考える』のイントロで同い年の（今井）優希と一緒に、
八木ちゃんをリフトアップする超重要な役割も担ってますからね』

このリフトアップについては、センターを務める八木仁愛を――

『メンバーが下から支えたい。
八木ちゃんを支えて23人全員で頑張っていきたい』

――との想いから生み出された、メンバー発の振付。
〝その大役を担うに相応しい〟と仲間からも認められているのだから、やはり須永心海は〝僕青の聖母候補〟筆頭なのかもしれない。

須永心海フレーズ

『子どもの頃、家族に褒められることが嬉しくて、
率先して頑張ったことがたくさんある。
これからは大人の皆さんやファンの皆さんに褒めてもらえるように頑張りたい。
こう見えて褒められて伸びる子（笑）』

苦手を克服しようと思ったときも、それができれば褒めてもらえることを知っていたから。それが須永心海の原動力。

『八木ちゃんの頑張りを見てると、
「この人には努力を結果に結びつけて欲しい」と願うし、
「そのために支えたい」と心から思える同志を見つけた感覚』

須永心海はミュージックビデオで八木仁愛をリフトアップしているように、彼女を支え、互いにアイドル界の頂点を目指す。

〝土木系女子＋土佐弁アイドル〟西森杏弥

僕青23名全体の中で、実質的には早﨑すずきに次ぐ〝二番人気〟メンバーの西森杏弥。

早くも2ndシングルでの前列抜擢が最も期待されているメンバーだ。

「今年の7月18日で20才になった西森ですが、最初はアイドルの個人紹介ショート動画には似つかわしくないヘルメット姿の〝土木女子〟として紹介され、その特異なプロフィールと〝優秀すぎる〟過去がすぐに掘り起こされました。といっても、どこを探ってもクリーンそのものです」

avexスタッフ氏は、「西森に会うたびにわざと土佐弁（高知弁）をしゃべってもらう。女の子の方言って高まりますよね」と、完全に趣味を公私混同している（笑）。

「メンバー発表会のインタビューで『ちょっと前まで私たち全員、普通の日常を送る女の子やったき、なんかここにおるのが信じられんくて、今でも夢を見ゆみたいです。でもこの23人で皆さんに夢とか希望を与えたいと思っちゅうき、楽しみにしていてください』——と答えたことが、〝伝説の質疑応答〟として話題になったと聞いています」（avexスタッフ）

最寄りのコンビニまで自転車で30分はかかる環境で育った西森杏弥だが、それでもアピールポイントの〝土佐弁〟を筆頭に地元愛の強さもメンバー有数。

『やっぱりこれから東京をベースに活動も生活もしていかなきゃいけない中でも、
自分が生まれ育った高知県に対する想いは強く持っていたいですね。
高知県で育たなければ今の私はないわけで、
僕青には北海道育ちから石垣島育ちまで日本中からメンバーが集まってきてますけど、
きっと私以外のメンバー、何なら関東出身のメンバーも、
それぞれが地元を誇りに思っている。
だからこんなに年令がバラバラでも、
みんな仲良くてまとまっているんだと思います』〈西森杏弥〉

しっかりとした物言いでおわかりの通り、西森は偏差値59の優秀な学生で、現在も国立高知工業高等専門学校ソーシャルデザイン工学科に在籍している。

「高専は5年制なので、彼女は2023年現在5年生にあたり、卒業後は2年制の専攻科に進むことも可能です。しかし僕青として活動するわけですから、進路については僕青に専念することになるでしょう。ちなみに専攻こそ違いますが、高知高専の先輩には元AKB48の立仙愛理（電気情報工学科）がいて、彼女も在校中にアイドル活動を始めています」（同avexスタッフ）

そんな西森杏弥は中学3年生のときに作文コンクールで入賞を果たし、高知高専でも、1年生のときに先輩たちを抑えて学内コンクールで佳作を受賞。また部活ではダンス部に所属し、第44回高知県高等学校総合文化祭や第58回高知県高等学校舞踊合同発表会などのステージに立っている。要するに、わかりやすく言えば〝文武両道〟タイプなのだ。

『今、僕青で充実した毎日を過ごしているからこそ言えるんだけど、
本当はもう少し若いときにオーディションを受けてみたくなったときもあったんです。
でも今、僕青ですっごく大好きなメンバーと活動できているんだから、
逆にオーディションを受けるタイミングとしては今で良かったんだと思います』

もしもオーディションを受けていたら、西森杏弥を他のアイドルグループに取られていたかも。

『私は杏弥ちゃん（公式ニックネームは〝あやもり〟）と仲良くて、
合宿の頃からいつも隣にいてくれたんです。
何度もプレッシャーで挫けそうになったけど、
そのたびに杏弥ちゃんが、
「仁愛なら大丈夫。やれるから」――と背中を押してくれて。
私だけじゃなく、挫けそうになったメンバーを踏みとどまらせてくれたのはいつも杏弥ちゃん。
本当に「支えてもらうってこういうことなんだな～」って、
教えてもらえたのは杏弥ちゃんの力。
いつか私が杏弥ちゃんを支える側に回りたい』〈八木仁愛〉

才能に加えて性格まで。
もちろんルックスも含め、西森杏弥、最高かよ！

西森杏弥フレーズ

『私は高知県の出身だけど、チャレンジするリスクとチャレンジしないリスク、どっち取る?……聞くまでもないか』

チャレンジするリスクを覚悟のうえで進まなければ、その先にある新しい世界を覗くことはできない。高校時代から〝土木系女子〟で鳴らした西森杏弥が、メンバーに問いかけてみたいこと。

『私たちのパフォーマンスは「見るたびに進化している」と思わせたい。どんなに凄いステージでも、進化しなかったらみんな飽きて離れていくから』

西森杏弥が「新人だからって甘えられない」と語る真意がここにある。さすがストイックな土木系女子。

萩原心花の夢は〝ヒロイン役〟

『ヤングジャンプですよ？

女の子だって誰だって知ってますよ。コンビニでめちゃめちゃ売れてるじゃないですか。

これから先、近所のコンビニに行くの、めっちゃ恥ずかしい。

「ヤンジャン載ってたね？」とか言われたら、どう答えればいいのかな。

私の顔をジロジロ見るお客さんがいたら、ヤンジャン見た人ってことですよね。

それはそれで嬉しいけど（笑）。

こうなったら朝5時頃に行って、バレないように買い占めるかな。

1冊いくらぐらいするの!?』〈萩原心花〉

乃木坂46公式ライバルとして誕生した僕が見たかった青空。

まだまだ個人グラビアのオファーが来る時期ではないが、7月20日発売の『週刊ヤングジャンプ』34号では23人揃っての表紙、巻頭グラビア、巻末グラビア、特別小冊子の計31ページに渡る大特集を組んでもらえた。

巻頭グラビアは白と青を基調にした教室風のセットの中で、トレードマークにもなっている爽やかな制服衣装を披露。センター&巻末グラビアではデニム素材をベースに、バンダナなど個性豊かにアレンジした爽やかな衣装で登場。

公式の制服以外でのグラビア撮影はヤングジャンプが初めてだったメンバーたち。その初々しい姿を見ることができたファンは幸せ者だ。

また特別小冊子はメンバー23人全員のプロフィールと自己PRが記載された名鑑で、全体的にはこれから彼女たちを知る人、さらにはファンにも楽しめる1冊に仕上がった。

「青少年漫画週刊誌の中でも『ヤングジャンプ』は創刊40年以上の歴史とネームバリューは一番。そのヤンジャンで31ページもの特集を組んでもらえたとは、出版業界も僕青に注目している証拠です」

（アイドル月刊誌ライター）

読者やファンからも評判の特集だったようで、第2弾、第3弾のオファーが今から楽しみだ。

『秋元先生の方針で水着グラビアは18才をすぎないと解禁されないみたいで、
坂道は雑誌のグラビアでは水着にならないで写真集だけ水着を解禁してるとか、
今まで知らなかったことをいろいろと教えてもらって面白かった（笑）。
私は今高2の17才だから、
もしそういうグラビアをするとしても最低でも来年以降だし、
別に水着グラビアをやりたいわけじゃないけど、
アイドルとしてはいつオファーが来るかわからないから、
日々ちゃんとダイエットをして備えておくモチベーションにはなりますよね。
〝やる、やらない〟の話の前に（笑）』〈萩原心花〉

ちなみに萩原心花、今回のグラビア撮影で『〝新しい自分〟に出会った』と明かす。

『ヤンジャンのスタッフさんたちに何十回も、
「早﨑さんに似てるね」――と言われたんですよ。
すーちゃん可愛いから嬉しい反面、
あまりにも言われすぎると、
〝私は私、萩原心花！〟って反発しそうになりましたよ。
超新人のくせに（笑）。
みんなに聞いてみても、
「何となくの雰囲気じゃない？」「髪型とか近いし」って否定はしないから、
きっと似てると思ってたんだよね、今まで（笑）』

――と打ち明ける萩原心花。

身長は161㎝の早﨑に対し、2㎝高い163㎝の萩原。

しかし身長170㎝の伊藤ゆずと並ぶグラビアからは、すでに身長165㎝ぐらいまで伸びている気もする。

『最高168㎝ぐらいでいいかな。
モデルさんもやりたいけど、
将来女優さんをやるとき、
あまり高くなりすぎると〝ヒロイン役が来ない〟って聞いて。
別にどんな役でもやりたいけど、
ヒロイン役だけできなくなるのは寂しい』

モデル、女優、しかもヒロイン役――将来の夢を明かした萩原心花。
僕青はまだスタートしたばかり。
彼女の可能性は限りなく広がっている。

萩原心花フレーズ

『「自分の中に明確な目標や目的があるかないかで、辛いレッスンも楽しく感じることができる」――(レッスンの)先生にそう教えてもらってから、私の中に毎回テーマが生まれた』

それは言い換えれば「目標や目的をクリアする楽しさを覚えた」ということか。人はそれを〝成長〟と呼ぶ。

『オーディションに応募する前、みんなギリギリまで躊躇したと思うんです。「これは凄いチャンスかも!?」と思っても、迷わずにチャンスの扉を開けられる人は少ない。今は本当、「何であのとき、あんなに迷ったんだろ?」――って思いますけど(笑)』

チャンスが訪れたとき、ただじっとしているだけでは誰も手を差し伸べてはくれない。なかなか立ち上がれなかった萩原心花だからこそ、迷っている後輩たちに伝えたいのだ。

僕青の〝美容番長〟長谷川稀未

「僕青の23名のメンバーをパッと見て、長谷川稀未と吉本此那の違いがわからなかったら〝オジさん〟認定されるそうですよ。顔はまったく似てませんが、綺麗な長髪は2人のチャームポイント。一見するとかなり似たヘアスタイルで、吉本は自分の髪型をワンレングスだとしてチャームポイントに挙げていますが、長谷川は少し遠慮でもしているのか、髪型よりも〝白い肌〟がチャームポイントだと言います」（人気放送作家）

メンバー発表会の自己アピールでもフリップに「肌の白さ」と書き込んでいた長谷川稀未。

確かに透けるような白さを「美しい」と思わない者はいないだろうが、持って生まれたチャームポイントとはいえ、20才（早生まれで21才の学年）の今も肌の美しさをキープしているのはまわりのメンバーも認めるところ。

『ひとみんは僕青の美容番長。
ものすごく気を遣っている。
まあ私もひとみんぐらい肌が白かったら、
ちゃんと美容の勉強をして美しい自分のままでいたいけど（笑）』〈柳堀花怜〉

『こういうとき、「全然気なんて遣ってないよ～」とか「特別なことは何もしてないよ～」とか、
言う人のほうが多いような気もするけど、私はハッキリと「気ィ遣ってるよ」と言いますね。
だって本当のことだから（笑）』

美容へのケアを自らそう申告する長谷川稀未。

『自分の肌のタイプやコンディションを常に把握して、
暴飲暴食や寝不足には一番気をつける。
日傘で直射日光さえ防げばいいと思ってる人が多いけど、
私に言わせれば外出すること自体が肌に罪』

さすがに「外出が罪」とはちょっと厳しい気もするが……

『〝だからこそ〟の美容ですよ。
安心して外出するには人の何倍も知識を得て、人の何倍も肌の手入れに手をかけないと』

そんな長谷川も子どもの頃は活発な女の子だったと明かす。

『それは私だってみんなと同じですよ。
でも幸か不幸か私が育った埼玉県には海がなかったので、今思えば助かったかな。
もし湘南で育ったらサーファーになっていて、
今と正反対で日焼けしまくっていたかもしれない（笑）』

ガングロ&ギャルメイクの長谷川稀未も見たかった気はするが（笑）、彼女はサーフィンやスケートボードなどのアウトドア、ストリート系のスポーツではなく、新体操やピアノなど、インドアの競技スポーツや習い事を選ぶ。

『高校はバス通学でしたけど、何かしらのハプニングがあったわけでもなく、
でも埼玉のバスの運転手さんは平気で時刻表守らないから、
いっつも走っていた記憶しかない。
バスの中でいつも息が荒い女子なんかモテるはずもないし（笑）』

そういえば個人紹介ショート動画でも「学校帰りにバスに乗り遅れないように校門からバスまで友達と走った日々が青春」と記されている長谷川稀未だが、実際には〝美しい思い出〟ではなく、いつも〝息を切らせていた〟苦い思い出なのかも。

『私、生まれ変わったら猫になりたいんですけどなれますかね？
よく「猫に似てる。猫顔」――とも言われるから大丈夫ですよね』

猫顔だからといって、生まれ変わったら猫になれるとは限らないだろうが、どことなく〝不思議系キャラ〟の匂いも？

オーディションの3次審査のあとに撮影されたメイキング動画では――

『チャームポイントは〝笑うとできるえくぼ〟』

――と、緊張しながらアピールしていた長谷川稀未。

僕青の〝美容番長〟から、どのように成長していくのか、今後の彼女の成長が楽しみだ。

長谷川稀未フレーズ

『これは慎重な私の性格だと思うんですけど、
上手い話やオイシい話ほど疑ってかかっちゃうんですよ。
だからファンの皆さんはたくさん欲しいんですけど、
褒められれば褒められるほど疑ってしまう』

ひと言で言って、長谷川稀未は損な性格をしている。もっと自信を持つべきだろう。もっともファンの皆さんは、彼女の控え目すぎる性格が好きなのかも。

『他より早くレッスンを始めれば、
だいたいは他よりも早く目標を達成することができる。
不器用な私だけど、そうすれば器用なメンバーに追いつける……はず?』

そこにレッスンもリハーサルも〝本番のつもりで臨む〟気持ちが加われば、長谷川稀未も最強メンバーの一人になれる。

アイドルになるのが夢だった宮腰友里亜の〝力強い目標〟

僕が見たかった青空メンバー23名のうち、石川県出身の吉本此那とともに2人だけの北陸地方出身者、それが福井県出身の宮腰友里亜だ。

2004年10月24日生まれの（CDデビュー時）18才で、幼稚園の頃からの夢、『アイドルになりたい』を叶えたメンバー。

「合宿のメイキング動画をご覧になった方はおわかりの通り、メンバーみんなから『可愛い』『顔だけじゃなく歌声も可愛い』と絶賛されていたにも関わらず、自信のなさばかりが目立つメンバーです。スタッフの中には〝北陸出身だから性格が控え目なのかも。慣れれば大丈夫〟と楽観視する者もいますが、デビューしてからもこの調子では彼女の座右の銘『昨日の自分を超える』――が泣きますよ」（avexスタッフ）

〝アイドルになりたい夢〟を叶えたものの、現状は課題の多いメンバーであるようだ。

『歌にしろ踊りにしろ、どうしても上手いメンバーと自分を比べてしまう。
人と比べる前に自分が頑張らなきゃいけないことはわかってますが、
気持ちだけじゃなかなか前に進めない性格でもあるので……』

――いかにも自信なさげに語る宮腰友里亜だが、地元・福井県に対する想いは強い。

『メンバー発表されてから地元の新聞社さんに取材していただいたんですけど、
そのときに初めて〝地元の期待〟みたいなものを感じて、
素直に「福井県を代表するアイドル、タレントさんになりたいな～」って感じたんです。
昔でいうと元モーニング娘。の高橋愛さんが福井県出身で、
おじいちゃん、おばあちゃん世代だと五木ひろしさんの名前が一番に挙がってくる。
私は老若男女に愛されるアイドルになりたいので、
五木ひろしさんと高橋愛さんを超えるような、目標だけはでっかく持って頑張りたいですね』

――先ほどまでの自信なさげな様子とは売って変わって力強く目標を語った宮腰友里亜。

『私は皆さんに知られる存在になるだけじゃなく、
子どもの頃、テレビに出ているアイドルさんから勇気をもらったように、
今度は僕青が日本中に元気を届けられる存在になりたい。
そして福井県出身に誇りを持って、
福井県の魅力を伝えていける存在というか、仕事がしたい』

実はコッソリと裏話を話すと、2024年春に北陸新幹線が金沢から先、福井県・敦賀駅まで延伸されることを受けて、今、延伸区間を特集する特番の企画がバンバン上がっているというのだ。
「一応、将来的には敦賀から新大阪まで繋がる予定なので、そうなると東京から新大阪までのルートが〝東海道ルート〟と〝北陸ルート〟の2つになる。それを見越して関東の人間にはあまり馴染みのない〝金沢から先〟の北陸に広告代理店とテレビ局の注目が集まっているのです。この秋には早くも最初の特番が組まれそうですし、福井県出身の芸能人で〝クリーンかつフレッシュ〟な宮腰にオファーが殺到する可能性も高い」（有名放送作家）
これはベストタイミングではないか。

『もし本当に私が福井をリポートするなら、大好きなソースかつ丼や越前がになどの魅力を伝えたい。東京だけじゃなく、日本中からたくさんの人が福井に来てくれるように』

幼稚園の頃からアイドルになるのが夢だった宮腰友里亜が『僕が見たかった青空』メンバーとして紹介されると、公式ライバル・乃木坂46の3期生、れんたんこと〝岩本蓮加にソックリ〟だと乃木坂46ヲタク界隈で話題になった。

「加入したときは12才でグループ最年少だった岩本も、気づけば19才。それも早生まれの年なので、実質的には今年20才になる世代に入ります。宮腰も同じく今年（2023年）10月24日で19才になりますが、学生は岩本が一つ上。公式ライバルに自分に似た先輩がいるなんて、宮腰はとことん話題性を味方につけますね」（同有名放送作家）

宮腰もその噂を知っていて、表面上は『畏れ多いです』としながらも、本音では――

『乃木坂46さんは公式ライバルなので、簡単に負けるわけにはいきませんよね』

――と、キャラクターに似合わず（？）闘志を燃やしているそうだ。

宮腰友里亜フレーズ

『どんなに注意しても、しすぎることはない。
変な話だけど私はずっと自転車通学で、突発的な危ない思いもしてるから。
逆に「注意しすぎても誰にも怒られない」と思ってます』

これまではもし自転車通学で怪我をしても、その影響は自分だけに返ってくるものだった。でもこれからは、自分を含めた23人に影響する。それはすべての行動においても。

『才能とか本当の潜在能力は、
実際に使ってみないと価値はわからないじゃないですか?
私は僕青で何度も壁にぶつかって、
そういうものが発揮できるようになればいいと思ってます』

宮腰友里亜は思う。「自分のどこに僕青に貢献できる強味があるのか?」――と。何度も壁にぶつかることを恐れずに、宮腰は彼女のストロングポイントを探す。

持永真奈の勇気と〝強い意志〟

「僕青メンバーたちの中で、ある意味〝最もオーディションに賭けていた〟のは、もっちーこと持永真奈ではないでしょうか。彼女は中学生の頃から本気でアイドルを目指し、近い将来の芸能活動に支障が出ないように通信制の高校を選択。手当たり次第ではなく、慎重に狙いを定めてオーディションを受け、不合格になると『自分に何が足りなかったのか』を必死に分析し、次に備えていたそうです。その努力が僕青で実り、本当に嬉しかったでしょう」

ａｖｅｘの女性スタッフは、持永真奈から聞かされたエピソードをコッソリと明かしてくれた。

「自分の人生の明確な目標に沿って進学先を選ぶ、その勇気がすごい。すでにタレントだったりデビューが約束された練習生ならともかく、これからオーディションを受けて結果がどうなるかわからないのに、自分の時間を最大限自分のために使えるように通信制の高校へ進路を選んだのですから」

僕青を運営するサイドの人間としては、持永に運命を感じたとしてもおかしくはないエピソードだ。

「まわりに流されて普通科の高校に通っても誰も文句を言うわけじゃないし、むしろご家族はそちらを選んで欲しいはず。それでもあくまでも自分の道を突き進む。確かに持永は意志が強そうな顔をしていますし、どことなく女優の森七菜にも似ている。森も所属プロダクションからの強引な独立騒動で干されたものの、この7月クールでは〝月9『真夏のシンデレラ』〟のヒロイン（W主演）まで上り詰めて返り咲いた。森七菜似の持永も、何としても最後は自分の目指す場所にたどり着きそうですよね」（avex女性スタッフ）

森七菜の話はさておき、確かに持永真奈は意志が強そうな顔をしている。

彼女はコロナ禍もあって高校生の間にオーディションに受からないと、迷わず音楽系の専門学校に進学。ダンスや歌のレッスンを基礎から学び直したのだ。

『そんな〝基礎から学び直した〟とか大袈裟な話でもなくて、

専門学校には専門学校のカリキュラムがあるから、

それに沿って勉強というかレッスンを受けただけの話ですよ。

まあ、自分には大きなオーディションを突破するまでのスキルがないから、

専門学校で一から学びたかったのは確かですけどね』〈持永真奈〉

その〝鉄の意志〟と行動力の片鱗を感じさせたのが、持永真奈が中学生時代の部活に選んだ『スポーツチャンバラ部』。

彼女はそこで何度打ち込まれても前に進む突破力や挫けない心を学び、さらに後にはスポーツチャンバラ大会で準優勝を果たすまでの戦力になったという。

また持永真奈はグループのメンバー発表会でグループ名が『僕が見たかった青空』だと発表された際、AKB48や乃木坂46のように「秋元康プロデュース」のアイドルにつく〝数字〟がついていないことに動揺するメンバーを尻目に、内心『(勝った)』と思ったらしい。

『ハッキリ言って個人的には、ついてもつかなくてもどっちでもよかったけど、あのときはつかなかったことで「(明日話題になるな)」――と思ったのは本当です。実際その通りになったし。でも結局は何から何まで、話題になるために秋元先生に動かされているような気がする』

しかしそれを実現させてきたのは、他ならぬメンバーたちが期待に応えてくれたからなのだ。

持永真奈フレーズ

『センターに立つのは八木ちゃん1人でもいい。

それでも私は、23分の1以上のメンバーにはなりたい』

「自分は23分の1以上の価値を持つメンバーを目指したい」

それが持永真奈の現在の目標。

『いつもレッスンの帰り、

「明日はどんな日になるんだろう？　グループ名のように私は青空が見たいな」

――って思ってました。

そう考えるだけで、毎日ポジティブな気分で眠ることができたんです。不思議と。

〝僕青〟はグループ名からポジティブを与えられる』

「明日の天気のことを考えると、不思議とワクワクしてポジティブになれる」と話す持永真奈。秋元康プロデューサーのネーミングにも、ようやく意味を見出せるようになってきた。

山口結杏の目標は〝大食い界デビュー〟!?

「合宿の合間に雑談していたときの話です。ブルベ夏のメンバーが集まって、『デビューしたらコンサートツアーで地元に行きたい、凱旋コンサートをしたい』――と盛り上がっていたんです。そこにいたのは沖縄県出身の青木宙帆、石川県出身の吉本此那、地方というにはアレですが千葉県出身の伊藤ゆず、それから同じ兵庫県出身の秋田莉杏と山口結杏でした」（avex女性スタッフ）

この女性スタッフの話にもあるように、本書でも宮城県出身の八重樫美伊咲や北海道出身の工藤唯愛など、地元凱旋コンサートを熱望するメンバーの話に触れてきた。それは当然、ブルベ夏のメンバーも同じだろう。

「伊藤ゆずなど千葉県出身なのに、『東京の隣でも凱旋感はある。もっと言うと、より〝リアル地元〟に近い所でやりたい』――と話していました。他のメンバーも概ね同じ意見でした。ところが、ところがですよ、山口結杏だけは『札幌、仙台、名古屋、福岡が特に楽しみ』――と、地元の兵庫には一切触れず、ピンポイントの都市名を挙げたんです」（同avex女性スタッフ）

最年長の伊藤ゆずがその場を仕切るように『どうして？』と尋ねると、山口結杏は胸を張って

こう答えたそうだ。

『札幌はジンギスカンと海鮮、みそラーメン。仙台は牛タン。

名古屋はひつまぶし。福岡は豚骨ラーメン。

最低でもそれだけは食べなきゃアイドルになった意味ないでしょ！

みんなアイドルのインスタとか見てない？

美味しそうな食べ物ばかりだよ!!』〈山口結杏〉

そこにいたメンバーが唖然としたのは言うまでもない。

すると山口は『（私、何か間違えてますか？）』といった表情で――

『あっ！　まだまだ忘れてた場所ありそう』

――と、完全にKYモードに突入してしまったのだ。

「さらに『福岡の長浜ラーメンで本場の替玉を経験したい。一時期、長浜の屋台街は撤去されたみたいだけど、復活計画があるってネット記事で見たから』——などと、山口の食欲は止まりそうにありませんでした（笑）」（同前）

『本場の替玉なら5玉ぐらいいけるかも。
最近、美味しそうな大食い番組やってないから困ってるんですよね。
昔から〝大食い番組を見ながら大食いする〟のが楽しみだったから。
アイドルではあるけれど、過去に大食いのアイドルさんもいたし、
『有吉ゼミ』で誰よりも大食いして華々しく大食い界にデビューしたい。
CDデビューとの二冠王を目指さないと』

——意欲満々の山口結杏だけど、それは〝二冠〟とは言わないよね（苦笑）。

『でも私、大食いの他にネタになりそうなのって、
〝大きなスーパーやドラッグストアの柔軟剤コーナーに一日中いられること〟
……ぐらいしかないですもん。
前に八木ちゃんが「本屋なら一日中いられる」って言ってて、
「私は柔軟剤コーナー！」と返したら、
めっちゃ変な顔してて、
〝？〟マークが100個ぐらいまわりを飛んでた（笑）』

八木仁愛じゃなくても、そんなリアクションだろうね。

というか「オーボエ顔をしてる」の理由でオーボエ担当になった工藤唯愛と違い、山口結杏のオーボエは十分〝特技〟として誇れるものと聞いているのだけど。

『特技といえば特技ですけど、
オーボエを上手く吹けるぐらいじゃアイドルとして目立てないし、
どうせなら関西人の血も騒ぐので立派に体を張りたい。
そうなるとやっぱり〝大食い〟になるんですよね～。
〝激辛〟はちょっと勘弁なので（笑）』

結局最後まで〝大食い〟にこだわる山口結杏だけど……

『特技はオーボエの演奏です！』

――でもいいと思うけど。
やっぱり〝大食い〟のほうがいいのかな？

山口結杏フレーズ

『私たちはまだ全然未熟だからこそ、未来には可能性しか見えない。
だから全然、今は未熟でいい』

こう語る山口結杏は、メンバーを代表する関西人。その〝可能性〟というのは〝体を張った大食い〟のことじゃないよね(笑)!?

『僕青は結構ちゃんと部活をやっていたメンバーも多いから、
見た目よりもみんな根性はある。
そして一つのことをやり続ける大切さを知っている』

持論として「帰宅部よりも部活をやり続けた子のほうが根性があるし、途中で逃げ出さない」と語る山口結杏。もし逃げ出そうとしても、自分が鬼門に立って通さない覚悟だ。

エピローグ

僕青のお披露目が行われた20日後の2023年7月5日――。

この日、渋谷スペイン坂近くにあるライブハウス〝WWW X〟では、ちょうど同日に21才の誕生日を迎えた、ある女性アーティストの単独ライブが行われていた。


アーティストの名前は矢作萌夏。

アイドルファンならば、彼女の名前に聞き覚えがあるだろう。

なにせ2018年1月21日に開催された第3回AKB48グループドラフト会議・第1巡目で3チームから重複指名を受けると、予備抽選でチームKが交渉権を獲得。直後の3月3日に『AKB48「11月のアンクレット」劇場盤 発売記念大握手会』でチームKドラフト研究生としてお披露目され、毎年恒例、12月8日のAKB48劇場特別公演（劇場オープン13周年記念公演）でチームKに昇格。

さらに年明けの2019年1月16日にはAKB48メンバー史上、加入からの最速最短記録でソロコンサートを開催。続いて3月13日発売のAKB48 55thシングル『ジワるDAYS』で初選抜入りを果たし、なんと次の56thシングル『サステナブル』(9月18日発売)で初めてのセンターに大抜擢されたほどの逸材だったからだ。

「初期の1期生から3期生でメジャーシングル曲を制作していた時代を除くと、ほとんどすべてのスピード記録を塗り替えたスーパーエリートです。前田敦子、大島優子、そして渡辺麻友と引き継がれた〝本物のセンター〟の系譜が渡辺の卒業曲『11月のアンクレット』で途切れたと思ったところに、その『11月のアンクレット』握手会から登場したのも運命づいている。当然、研究生時代から握手会も上位人気でしたが、センター曲が発売された直後にAKB48からの早すぎる卒業(2020年2月4日)を発表。様々な意味で話題の中心を譲らない、伝説的なメンバーでした」(人気放送作家)

秋元康氏からの寵愛を一身に集めてはいたものの、プライベートでの素行や男性問題が同じ学校に通う同級生らしき人物からリークされると、それまでのファンがアンチに転じ、男性関係や太目の体型についての攻撃が激化・大炎上する。なまじスーパーエリートだっただけに批判が集中、嫌気が差して卒業を決めたのは明白だった。

「早くも卒業の2ヶ月後にはエイベックスの所属になり、相変わらず彼女に対するギョーカイの期待は留まるところを知りませんでした。しかしエイベックスとの契約も長続きはせず、コロナ禍の影響で活動もままならなかったことも含め、2021年10月頭には約1年半に及んだエイベックスとの契約も終了。ついに芸能界から引退かと思いきや、今年の7月5日、21才の誕生日にアーティスト活動を再開。さらに自身が作詞作曲のデビュー曲『Don't stop the music』が配信リリースされたところを見ると、まだ秋元康か、秋元康にごく近い人物が彼女のバックアップを続けているとしか思えません」（同人気放送作家）

裏話はここから。

実は矢作に関しては、もともと彼女を中心にした新しいタイプのアイドルグループを秋元康氏がプロデュースするため、エイベックスに引き取ってもらったという経緯があるそうだ。

その計画がコロナ禍も一因で頓挫し、秋元康氏とエイベックスは時期を見極めながら一からアイドルグループを立ち上げることにする。

それが『僕が見たかった青空』だったのだ。

「かなりデキた話ですが、そう考えると合点がいくことばかりですね。また矢作はあのままエイベックスにいてもアイドルとしての活動を求められたでしょうし、そうなると作詞作曲をこなすアーティストとしては扱ってもらえなかった。結果的にはコロナ禍が呼び込んだ、唯一の、WIN－WINではないでしょうか」（同前）

乃木坂46が公式ライバルと定めたAKB48の元センター（矢作萌夏）に敬意は表するが、今後は僕青のブレイクを指を咥えながら大人しく眺めるだけにして欲しいもの。

「僕青は真っ白なキャンバスで、これからファンの皆さんが色をつけていくグループ。矢作に限らず、すでに実績があり、いかにも〝センター確定〟のメンバーは必要がないのです」（同前）

初代センターの八木仁愛も、これまでの〝秋元康の法則〟に照らし合わせれば、4thあるいは5thシングルあたりで2代目センターと争うことになるだろう。

その候補はプロローグに記したユーチューブ再生回数上位の人気メンバーたちか、それともこれから下剋上劇の幕が開くのか。

真っ白なキャンバスに果たしてどんな絵が描かれていくのだろうか。

『僕が見たかった青空』23名から目が離せない――。

◆ 既刊紹介 ◆

登坂 彰［著］　定価 1,400円+税

日向坂46
～ひなたのあした～

**『私は最初から用意された“正解”のセンターじゃなく、
自分こそが正解を超えた“予想外のセンター”だと
言われたいんです』**【加藤史帆】

**『少しセンターのプレッシャーから解放されて
ホッとした自分も正直いましたけど、
でも同時にそんな自分に対して情けない気持ちもあって……。
ここで頑張らないと、私はセンターに“立たせてもらっていただけ”
になってしまうから』**【小坂菜緒】

日向坂46メンバーの“素顔のエピソード＆メッセージ”を多数収録！
いよいよ始まる“日向坂46時代”の幕開け──

阿部慎二［著］定価 1,400円+税

櫻坂46
～彼女たちが彼女たちである理由。～

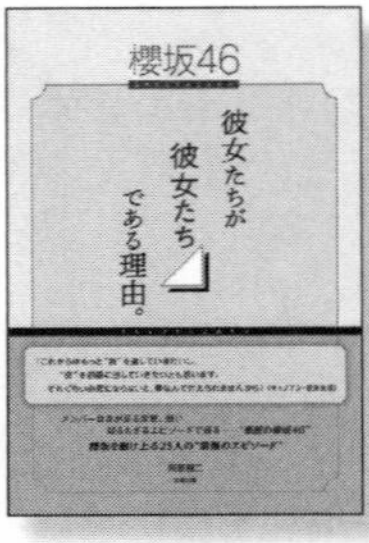

**『これからはもっと“我”を通していきたいし、
“欲”を前面に出していきたいとも思います。
それぐらい必死にならないと、夢なんて叶えられませんから』**
【キャプテン·菅井友香】

メンバー自身が語る言葉、想い、
知られざるエピソードで綴る──“素顔の櫻坂46”

～櫻坂を駆け上る25人の“素顔のエピソード”～

◆ 既刊紹介 ◆

岩澤純司［著］定価 1,400円+税

乃木坂46
〜10年目の彼女たち、11年目からの彼女たち〜

『私たちが先頭に立って乃木坂46を引っ張れるようになれば、
自然と“新しい乃木坂46物語が始まる”――って、
私は確信しているんです』【賀喜遥香】

10年目までの彼女たち、そして11年目からの彼女たち――
“新生・乃木坂46”のすべて！

<主な収録エピソード>

★プロローグ　〜『新生 乃木坂46』の時代が始まる〜

★ 1st Chapter　新四天王の苦悩と将来
　☆レジェンドたちの10周年エピソード
　・松村沙友理 〜“ふりんご事件”から再起までの茨の道〜
　・生田絵梨花 〜脱退寸前まで至った活動休止騒動〜

★ 2nd Chapter　次代を担う者たち
　☆レジェンドたちの10周年エピソード
　・西野七瀬 〜選抜最後列から最多単独センターの座へ昇り詰めた原動力〜

★ 3rd Chapter　乃木坂46 の伝統を守り、紡ぐべき者たちへ
　☆レジェンドたちの10周年エピソード
　・白石麻衣 〜“アイドルから女優へ”の決意〜

★ 4th Chapter　アンダー制度の功罪

★ 5th Chapter　乃木坂46の軌跡

★ 6th Chapter　新時代を切り拓く者たち

エピローグ　〜11年目からの乃木坂46〜

太陽出版

〒113-0033
東京都文京区本郷3-43-8-101
TEL 03-3814-0471
FAX 03-3814-2366
http://www.taiyoshuppan.net/

◎お申し込みは……
お近くの書店にお申し込み下さい。
直送をご希望の場合は、直接小社宛にお申し込み下さい。
ＦＡＸまたはホームページでもお受けします。

〔著者プロフィール〕
伴 杏華（ばん・きょうか）

メイクアップアーティスト。高校卒業後、単身カリフォルニアに渡って最先端のメイク術を学ぶ。脚本家の叔父に紹介され、在京キー局のドラマ現場で活躍。豊富な横の繋がり、また業界人の会合には積極的に顔を出すので、あらゆるジャンルのタレント情報に精通している。本書では彼女の持つネットワークを通して、僕青メンバー及び運営と交流のある周辺側近スタッフを中心に取材。彼女たちが発信する“メッセージ”、周辺スタッフから見た彼女たちの“素顔”を紹介している。

僕が見たかった青空
~23人の青空たち~

2023年8月30日　第1刷発行

著　者……………伴　杏華
発行者……………籠宮啓輔
発行所……………太陽出版
東京都文京区本郷3-43-8-101　〒113-0033
電話.03-3814-0471／FAX.03-3814-2366
http://www.taiyoshuppan.net/

デザイン・装丁…宮島和幸（KM-Factory）
印刷・製本………株式会社シナノパブリッシングプレス

ISBN978-4-86723-143-2